知識經濟學

Knowledge-Based Economics

張士千 編著

引言

　　談此概念，先從標題的原文「Knowledge-Based Economics」講起，如今譯成「知識經濟」，固然言簡意賅，但究竟不如「知識為經濟之本」來得切題，與「學問為濟世之本」，異曲同工，兩者同樣有教育性的青年守則。後者鼓勵「青年創造時代，時代考驗青年」，前者希望大家有此概念「知識創造經濟，經濟考驗知識」。

　　其實人類開始，就有「知識經濟」的潛意識，小則如鑽木取火，大則乃大禹治水，都是生而知之或困而知之的經濟行為。如今琳瑯滿目的產品，無一不是「知識經濟」的精心傑作，目的都在滿足消費者的慾望（Wants）──缺乏之感，滿足之願。不過有遠見的學者們，一致認為地球的資源有限，而人類的知識無窮，只要有能力善用有限的資源，發展公平合理的社會經濟，造福人群，讓世界平穩的走下去，這才是悲天憫人的「知識經濟」。因此這是屬於教育性的課題，並非國家經濟建設的項目，如今由經建會特別當成方案推展，勢必將會無疾而終！因為「方向重於努力」。

　　「知識經濟」的觀念，乃出自於1996年世界經濟合作開發組織（OECD）會議中腦力激盪（Brain Storming）出的新點子。學者認為今日國際之間，彼此欲貨暢其流，物盡其用，生態平衡，以及環保意識等，光靠WTO、APEC及OECD等，似乎效果不彰。不如全民參與，鼓勵其「知識經濟」的成長，創

造及應用，群策群力，共同發展公平合理的社會經濟，讓幼有所養，壯有所用，老有所終的大同社會，普及五大洲，這才是「知識經濟」的真諦！因此才引起各國政府和學者的共鳴而高度重視，因為這也是消除恐怖主義，一勞永逸的作法！

其實美國在這次OECD會議之前，已經進入情況，在政府與企業通力合作之下，創造了美國有史以來的經濟奇蹟：

(1)高成長——1991年美國經濟成長率只有0.2%，

1992～1999年間，每年都有3.1%以上的成長。

(2)低失業率——1992年其失業率為7.4%，

1999年降低為4.2%，且為五年來最低點。

(3)高所得——1992年美國國民所得為24,831美元，

1999年提升到33,812美元，增加三分之一。

(4)低物價——1991年其消費者物價上漲率為4.2%，

1992～1999年間，每年都低於3%。

何以美國獨有如此佳績？因為只有美國人士擁有「科管」及「企管」的精神實力，能夠掌握經濟的資訊，善用「知識經濟」，而創造出社會經濟的效果，讓全民享受到高所得的生活。這種精神，由來已久，自從美國泰勒（Taylor）創作「科學管理」之後，如今人民已習以為常，朝野皆有「企業管理」的共識，再加上經濟學者推波助瀾，早就奠定了老美雄厚建國的精神和實力，對「知識經濟」時代的來臨，如魚得水，即使美國目前經濟處於週期性的低潮，也不會影響人民安居樂業。可見美國人民對「科學管理」心有成竹，也不會影響人民安居

樂業。可見美國人民，對「科學管理」胸有成竹，企業界與政府官員對「企業管理」皆有共識，因此朝野互動始終良好，「知識經濟」只不過是錦上添花！

　　就像台灣當年的經濟奇蹟，也和美國一樣，政府主動與民間通力合作，十大建設之後，民間的「知識經濟」概念，脫穎而出，在有遠見企管專家趙鐵頭和施總經理等強勢領導之下，讓勞力密集產業，很快就晉升為技術密集產業。要知道技術，包括生產技術及管理技術，兩者是相輔相成。正因為這兩者在當年，的確比其他開發中（Developing）國家略勝一籌，而榮獲亞洲四小龍之首的寶座，讓全民也享受過高所得的好日子。曾幾何時，經國先生往生之後，經濟逐漸下滑，變成了四小龍之尾，可見「學如逆水行舟，不進則退」，誠非虛言！

　　再看政黨輪替之後，政務官多為新手上路，自認一路走來，跌跌撞撞。一年多以來，經濟政策幾乎是一事無成，而且還是狀況百出，這就是缺乏「科管」及「企管」素養的最有力證明。連阿扁總統都看不過去，他說：「台灣沒有夕陽產業，只有夕陽管理」，可見「科學管理」之重要，不言而喻！

　　因此，本書先從「科學管理」課題切入，再以「企業管理」概念補強，並以物料管理、生產管理及行銷管理三者實務，加深企管的觀念，最後舉些產官學界人物的經驗之談，作為見習。其編法採用語文輕鬆，筆調揶揄，希望引起大家閱讀的興趣，好培養出自己對人、事、地、物、財，有「科學管理」的基本概念。然後才有能力使「知識經濟」成長、創造及

應用。最好首先將個人經濟搞好——經濟的底線，就是不浪費，然後儘可能將家庭經濟搞好——經濟的中線，就是開源節流，有機會上台就得將國家經濟搞好——經濟的上線，就是經世濟民，這樣發展「知識經濟」，才有價值！由於政經難分，必要時也須泛政治化一番，以表理論與實務並重，彼此更可印證。

其實知識的產生，非常自然，皆來自古今世界各國的產官學界人物的經驗之談或著作，透過資訊快速的傳播，造成今日知識爆炸（Knowledge Explosion）的時代。如果沒有「科學管理」的智慧，很難篩選出自己有用的知識。要知道，產官學界的人物，原本就有善惡之分，所以其經驗之談，也有好壞之別，當然所產生的知識，也必然有正負之異！如施明德批評李登輝的書「只有情緒，沒有是非，只有利害，沒有原則。」這就是有「窮理明德」的修養者，方知如何取捨，然後還要透過腦力的消化，才能產出（Out Put）自己學以致用的學問，可見：

知識 ≠ 學問　　　　學問 ≠ 聰明

聰明 ≠ 智慧　　　　智慧 ≠ 遠見

但是一切要從「知識」開始。就像有遠見的李大師與陳才女，就是標竿，大家公認他們是知識豐富，學問淵博，聰明絕頂，智慧高，眼光遠，料事如神！一般而言，如果沒有「知識」，去談學問、聰明、智慧及遠見，無異癡人說夢！當代科幻大師亞瑟克拉克（Arthur C. Clarke）曾經說過「我們必須記

住非常重要的一點，尚未處理的資訊，並不等於知識，然而知識並不等於智慧，而智慧也不等於遠見。」憑此觀念，不難為台面上產官學界的人物定位，讓他們無所遁形！

由於每日有關經濟的知識，都會大量的出籠，政府能夠服務的就是將其加以分門別類，公告周知，因為科學始於「分類」，因此「科學管理」的觀念，優先於一切。要知道，「科學管理」如同「知識經濟」列車的火車頭，第一節車廂是【企業管理】，第二節是【物料管理】，第三節是【生產管理】，第四節是【行銷管理】，其餘的車廂都是【知識經濟】。凡有窮理明德的駕照者，皆可駕駛「知識經濟」列車，奔向有軌道的人生，為社會造福。這也就是筆者塗鴉的原因，正如葉教授所說：「傳播善知識，成就功德事」。內容難免有錯誤，敬請不吝指正。

目　錄

第一篇
科學管理

科學管理是「知識經濟」的火車頭

科學管理是20世紀最大的發明，由於它的出現，人類文明才邁進一大步，今日的「知識爆炸」，它就是引線。知識經濟，正如在爆炸之中的煙火，五彩繽紛，令人目不暇給。為何將「科學管理」比喻為火車頭，因為它有牽引「知識經濟」列車的動力。

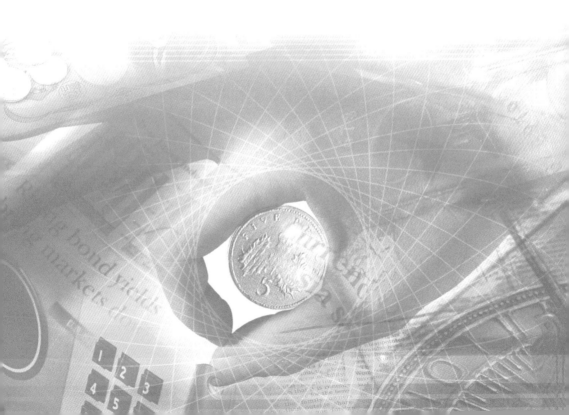

第一章　簡介

科學管理是由宗教管理和文學管理的思想脫穎而出，它的來龍去脈，分解如下：

第一節　產生的背景

由於歐洲的文藝復興，而人類的思想，也跟著突破，不再受當時宗教管理的束縛，人民的思想，忽然開朗，不再堅持過去的演繹法，而以歸納法取而代之。

一、演繹法（Deductive Methods）：

又稱為演繹推理（Deductive Reasoning），就是從事情的演變之中，去推敲道理，以主觀為導向。例如：

If you see a doctor leaving a house, you may deduce that someone in the house is ill.

如果你看見一個醫生，從某家出來，你可以推理出，這家有人生病了。

這個邏輯，對錯各佔50％，因為醫生到這家，不一定非看病不可，作客、訪友、洽商等情況，都可能出現，此乃主觀的推理，不夠科學。

二、歸納法（Inductive Methods）：

又稱為歸納推理（Inductive Reasoning），就是將事情的發生，歸到自然規律（to induct physical laws），以客觀為導向。舉例而言：

His illness was induced by overwork.

他的病是由過度勞累所引起。

自然規律就是大家公認的自然現象，因為「過度勞累」，必然導致生病，此乃客觀導向，正確性超過60％，比較科學。

三、自然規律（Physical Law）：

其實宇宙萬物的存在，就是物質的存在（physical existence），物質的存在，其動態就是物質的「化學作用（chemical action）」及「物理狀態（physical phenomena）」。以人而言，身體狀態＝物理狀態，身體作用＝化學作用，所以物質的作用可以分為兩類：

1. 物理化學（physical chemistry），即非生命科學（non-life science）。

2. 生物化學（biological chemistry），即生命科學（life science）。

就這兩類化學物質作用，造成了宇宙萬物，而形成了大自然科學實體（physical science），上帝只不過賜予生物化學體的生命與靈魂而已。難怪有「太陽之下無鮮事，勸君千萬莫作非份想」這句星雲說語。

以上說明的重點，在這個英文單字「physical」，它的內涵幾乎包羅萬象，(1)物質狀態，(2)物理狀態，(3)身體狀態，(4)醫學狀態，以及(5)大自然狀態，但是這些狀態都在自然規律（physical law）上運行，宇宙間的星球運行，

如果不按自然規律運行，地球恐怕早就碰毀了！為此有科學家說過，原子是小宇宙，也有哲學家曾說過，社會是中宇宙，表示宇宙間的萬事萬物，都要本著自然規律運行，社會能例外嗎？所以「天行健，君子以自強不息」，就是警告天子與庶人，不要違反自然規律，否則後患無窮。例如颱風是天災，淹水與土石流則是人禍，人禍＝違反自然規律。連經濟學家馬夏爾（Alfred Marshall），都說出一句名言「自然從不跳躍」，政治人物能脫序嗎？能越軌嗎？於是乎有一些政治家也共創出一段名言「三權獨立，與社會經濟及政治穩定，三者是自然的伙伴。」更偉大的記者曾用鏡頭捕捉了跪在佛前的阿扁，顯得那麼「恭順自然」，與他平日咄咄逼人的模樣判若兩人。還有曹興誠說「科學是透過觀察、測量、推理及實驗等科學步驟，去瞭解『自然與社會運行的原理』，技術是造物或解決問題的方法。」

可見自然規律有超能力，無時不在，無處不在，只有萬物之靈，才心知肚明。正如王陽明大師說「心即理也，天下之大理一而已」，理就是指自然規律而言。「科學管理」也是從自然規律脫穎而出，因為「科學管理」就是「窮理明德」，簡而言之，對事物窮理，對人群明德。讓自然人在自然規律上自強不息，這就是「科學管理」的真諦，所以「科學管理」是「知識經濟」的火車頭，就表示它有牽引力。

演繹法與歸納法，是洋文化的邏輯學（Logic），有助於人的思維。自然規律涵概宇宙所有的科學，邏輯學也含在內，凡違反自然規律者，皆不合邏輯。

文藝復興不久，工業革命出現，開創了人類文明的新世紀，由機器代替了手工，再進步到產業工廠化，久而久之，一大堆新的問題傾巢而出，如勞資、素質、成效、品質以及競爭等問題，搞得社會無法像往日平靜，逼得專家學者苦思猛想，終於歸納出一套錦囊妙計──科學管理。

第二節　科學管理的鼻祖──泰勒

泰勒（Taylor, 1856–1915）是美國青年，家庭富裕，品學兼優，由於眼疾，而未讀完大學，就到米德威（Middle）鋼廠做工。由於他工作能力強，很快就升為領班，激勵他對工作更有興趣，而創出一些新的工作方法，對廠方有卓越的貢獻，進而升為總工程師，同時也獲得史蒂文司學院（Stevens Institute）工程學位。在實務與理論優勢之下，終於完成了一部名著《科學管理的原則》（*The Principles of Scientific Management*），歸納出四大原則：

一、工作程序標準化：

工廠所有的工作，都訂出標準作業程序，統一操作方法，改正以往各有一把號，各吹各的調，以利生產效率。

二、工作專業化：

任何工作人員，皆需透過專業訓練，才可以上崗，免得良

莠不齊，影響工作效率。

三、分工合作：

工廠是一個組織的有機體，既分工又合作，免得雜亂無章，影響工作效果。

四、分工適當：

勞逸平均，就靠分工適當，以免影響工作情緒。

以上四大原則，迄今還是寶典，一切以人文科學為主，處處為人設想，工作要從「窮理明德」出發，能在19世紀出現，能說泰勒不是鼻祖嗎？

光靠鼻祖，效果有限，還要靠後知後覺的口德，就像慈濟證嚴法師，若沒有慈濟功德會，效果會在世界各地普渡眾生嗎？當年有一位白蘭地斯（Brandies）律師，在洲際商會作證：「只要鐵路公司，採用泰勒的原則，就可以減低成本，然後將節省的錢，調高工人的工資，又不必增加票價，此乃一舉三得！」果真該公司達到了預期的效果，再加上甘特（Ganet）和基布斯（Gilbeth）等學者的宣傳，科學管理運動，才如火如荼的全面展開。樂的泰勒先生更有信心，公開宣佈「科學管理原則」，實用於任何管理工作，尤其是「政府」。經過二次世界大戰之後，科學管理邁進了更新的境界，各樣名著，相繼問世，如計劃平衡術、目標管理、無缺點計劃，以及品管圈等等，真是光芒四射，蔚為奇觀。雖然方興未艾，但是學者專家，無不尊崇泰勒先生為鼻祖。

第二章　科學管理的內涵

　　「科學管理」已經普及世界，如果對其涵義，還是一知半解，就等於囫圇吞棗。

第一節　何謂科學？

　　「科學」是一門「學問」，試問什麼又是學問呢？王陽明大師說的非常言簡意賅，他說「學問者，乃學這一件事也，問這一件事也。思辨者，乃辨這一件事也」。宇宙無窮大，學問就無限大，但是可以歸納為三大類——哲學、文學及科學。

　　科學又可分為自然科學和社會科學，但兩者科學的涵義並無軒輊，無自然和社會之分。那麼「科學」到底作何解讀呢？先看洋人怎麼說：

1. Science is systematic study and knowledge of natural or physical phenomena.

   科學乃對自然現象或物理現象，作有系統的研究與求知。

2. Science is any branch of study concerned with observed material facts.

   科學是一門觀察事物真相的學問。

3. Science is the study of all material things, observing and arranging them in a systematic law, the subjects relating to study, such as biology, chemistry and physics.

   科學是萬事萬物的研究，經過觀察把事物整理成一個有系統

的法則，研究相關的主題，如生物學、化學及物理學。

4. Politics and economics are social sciences.

政治學與經濟學，屬於社會科學。

以上有這麼多的解釋，只有洋人比較懂，如果作者就這樣交待，讀者還是不清不楚。只有回過頭來讀聖賢書，才能一語道破：

1. 科學者窮物之理也，如自然科學，尤其是物理學＝窮物之理。

2. 科學者明人之德也，如人文科學、醫學、政治學、經濟學等社會科學。

3. 科學者，乃「窮理明德」也，如所有的科學，科學管理當然也不例外。

   窮理：乃追求萬事萬物的自然規律（physical law），以利人類與大自然和諧相處，成為宇宙生命共同體，以免大自然反撲，造成可怕的天災。正好這句「未雨綢繆」，用在此處恰到好處。

   明德：明德為本，親民為末，知所先後，則近道矣！這樣人與人之間，方可和睦共處，成為人類生命共同體，以免人間產生仇恨，造成恐怖的人禍。正好這句「禍福本無門，全是人自找」，用在此處恰當。

   科學管理之偉大，由此可見一斑！

第二節　何謂管理？

簡單而言，管理者安排也，安排者經濟合理也，所以

管理就是經濟合理的安排

任何管理都是針對人、事、地、物、財，做經濟合理的安排，如果預先沒有經濟合理的安排，則遲早都會出紕漏的，就像八掌溪事件，是誰安排2500公尺標高，作為兩個救難直升機單位，出勤的界線，否則兩個救難單位會搶著出勤。所以立委大罵「此規定是人訂的，還是豬訂的？」出了事才想到總統專用的救難直升機歸建，預先的安排經濟合理嗎？管理眾人之事的政府，是這樣搞的嗎？經濟合理的安排，都看不出來嗎？如何管理眾人之事呢？

第三節　何謂科學管理？

由前可知，(1)科學＝窮理明德，(2)管理＝經濟合理安排。則科學管理＝(1)＋(2)＝窮理明德的經濟合理安排。再清楚一點，**科學管理＝窮經濟之理，明合理之德**。經濟學是管理財貨的科學，管理財貨的底線，就是不浪費，正是「物盡其用」，所以經濟者乃不浪費也，合理者乃不勉強也。例如停建核四到復建，是既不合窮經濟之理，也不明合理之德，這就是對「科學管理」沒有認知的後遺症。

第四節　打麻將是標準科學管理的思維模式

　　科學管理的定義，就是窮經濟之理，明合理之德，與打牌者的思維完全符合：

1. 窮理：必須精通牌理，才敢上桌。也可以說政黨必須精通如何執政的道理，才敢上台。

2. 明德：必須遵守遊戲規則，不可有權無責，即胡牌有贏錢的權利，輸牌有付錢的責任。也可以說政黨在選舉中，有權贏得漂亮，同時也有責任輸得起。

3. 經濟：打牌就是想贏錢，所以全神貫注，分秒必爭，心中不停的在打經濟算盤，稍有不慎，就有經濟危機。也可以說政黨上台，就要全神貫注，分秒必爭，心中只有「經世濟民」，稍有不慎，就會有經濟危機。

4. 合理：胡牌要合乎牌理，不得詐胡。也可以說政黨上台，要「以法治國」，還要「以德治國」，不得爾虞我詐！

以此思維精神處理企業或政務，雖不中，亦不遠矣！

第三章　數是科學管理的對象

經濟學是管理財貨的科學，財貨是財產與物資，兩者合稱為資產，連人員都包括在內。所以整個地球上的動物、植物及礦物，通通都是資產，也是通通由人類的聰明才智，加以分門別類的管理。目的在人盡其才，物盡其用，地盡其利，貨暢其流。

1. 人盡其才，人才放在適合的工作上，才能發揮工作適當的「效率」。
2. 物盡其用，乃盡其物的「效用」。
3. 地盡其利，地適宜做何種用途，最有「價值」？
4. 貨暢其流，要有適當的「速度」，貨幣流通也是一樣。

以上科學管理的對象是「效率」、「效用」、「價值」及「速度」等，皆是「數」的代言者，所以大家先要鎖定──「數」是科學管理的對象，人們才有管理觀念的重心！尤其是企業，整個經營過程，就是在打算盤，這不是數嗎？例如行銷管理在求盈餘，生產管理在求產量適中，物料管理在求供應平衡，人事管理在求有適當的工作效率，就連行政院都是在求預算等於（或小於）決算而已。如果僅玩赤字預算，還算什麼科學管理呢？尤其是軍事管理，根本就「數」的編組，孫子說：「治眾如治寡，分『數』是也」，先總統　蔣公說過：「數的觀念，是一切工作的基礎，不知數則不能妙算！」今日的電腦難道不是「數」的妙算嗎？其妙算之快，令人咋舌！

就是由於電腦的出現，才將科學管理層次提高為「管理科學（Management Science）」的層面。

「數」是管理的對象，乃西方的文化，「文」是管理的對象，乃中國的歷史文化，所以有文學政治之稱，因為大家都習慣「辦文就是辦事」，以及「辦公就是辦事」。所以當然公文要旅行，當然是「文章是自己的好」，當然「各自為政」。但是當四位辦文高手，在一起打麻將時，都滿腦子「數」字，一個「文」都沒有，拼命在那裡作數字的「排列組合」，慢一步就只有掏錢的份！因為「數」是四健會管理的唯一對象，可見「科學管理」並非舶來品，只不過是我們用錯了地方罷了！同時也證明「科學管理」，也可以生而知之。打牌者，都是上桌就會打，從來不用學而知之！因為到現在，還沒有麻將補習班！

再說連美國NBC的專題報導「If Japan can, why can't we?」都強調「日本工業的飛躍，主要在於生產效率高。二次大戰後，日本從廢墟中爬起，生產效率原本很低，比美國相差很遠，日本就從美國請來一位搞生產效率的專家，討教其錦囊妙計，二十年之間，日本生產效率（Productivity），逐漸升高，終於名列世界之冠。」據說這位專家，從統計學的原理，預測生產量，控制生產量，這難道還不夠證明「數」——是科學管理的對象嗎？「數」是紅花，「文」是綠葉，這樣的政治，才可能相得益彰，否則就是雜亂無章。「數」是科學管理的對象，這個淺顯的理念，卻是作者畢生研究企管的心得，以饗讀

者。否則修了四年企管，連管理的對象還沒找到，能事半功倍嗎？

　　如今朝野脫序，社會亂象，乃不爭的事實，不管有多少原因，都莫過於管理對象是對「文」，不對「數」的偏差，例如「三三三政策」，這麼好的管理對象，卻被文過飾非，巧言辯解，跳票有理，脫序在先，亂象在後，乃不可恕也！

第四章　經濟是科學管理的方向

理由：1. 經濟學是管理財貨的科學，倒過來說，科學管理的方向就是經濟。

　　　2. 科學管理者，乃窮經濟之理，明合理之德也，可見經濟乃科學管理之方向也。

　　科學管理的方向，就是「經濟（Economics）」：

1. 對人而言：要有節儉及節約的思維（Careful not to waste money, time, goods etc.）。政治家就有不浪費納稅錢的思維。

2. 對物而言：不浪費或合算合算（Not wasteful）。例如，生化科技研究費，一年需50～100億，教育部經費短絀，前曾部長挪揄的說：「少買一艘200億的軍艦，就綽綽有餘。」

　　所以科學管理者，要掌握管理的方向，范光陵教授說：「方向重於努力」，任何事情的處理，方向搞錯了，一切努力恐怕都是白費！所以要有經濟的思維，

要省錢（Money-saving），即不浪費公帑

要省時（Time-saving），即不作秀

要省工（Work-saving），即不要嘴皮

　　　　玩政治者要謹言慎行，搞經濟者預防危機。

然後經濟的範圍，推而廣之，才有宏觀認識：

1. 理財（The management of the income, expense, goods），政府有赤字嗎？

2. 成本效益（Cost effective），停建核四到復建，賠了多少？

3. 效率（Efficient），政府有沒有空轉呢？

　　經濟包含的行業，是一網打盡：

1. 企業（Business）───────── 要正派
2. 商業（Commerce）　─────── 有道德
3. 金融（Finance）　─────── 有秩序
4. 工業（Industry）─────── 無污染
5. 貿易（Trade）───────── 要公平　　　合起來，才算搞
6. 生計（Bread-and-butter）── 要勤儉　　經濟。
7. 預算（Budget）─────── 要精確
8. 會計（Accounting）─────── 要清楚
9. 物資（Material）───────── 要愛惜
10. 貨幣（Money）───────── 要流通

　　以上這麼多名堂，不如我國古代聖人一句話：「經濟者乃經世濟民」也。這麼大的範圍，不用科學管理，會有效果嗎？不去「窮理明德」，能「經世濟民」嗎？

　　由此可知，治國是非常輕鬆愉快的工作，(1)存「窮理明德」的心，(2)用「科學管理」的理，(3)做「經世濟民」的事，這就是治國三部曲！哪有現在為政者，痛苦不堪！經常被貶！從前歐洲有一個小國家，一向國泰民安，因為政府大臣皆以「窮理明德」之心，運用「科學管理」之理，做「經世濟民」之事，人民幾乎忘記總統的存在。有一天一位農夫前往總統住家拜訪，他一進花園就看到一位工人在那裡修花剪枝，他就問：「Excuse me, where is the President's living room?」工人

答：「Please get into that room, and sit down to wait for him.」，
農夫就進了客廳坐下來等。不久進來一位著裝適宜的總統，他
一眼望去，這位總統，就是剛才在花園剪枝的工人。這位總統
的治國，為何如此輕鬆愉快？就是這位總統，以及歷來的總統
都有同樣的理念，那就是「治國平天下」，也就是說總統治國
的時候，首先要把國內天下的人都擺平，所謂「經世濟民」就
是這個意思。這時候政府的運作，才會順暢，社會才會安寧，
人民才會安康，全國上下才會一團和氣。目前加拿大就是活生
生的例證，因為從台灣移民加國者，都感覺到加拿大國家的品
質，幾乎是零缺點！

　　美國競爭策略大師波特，二度來台演說的要點：

1. 他不主張加稅，但政府一定要把納稅人的錢，做正確的投資
運用，不該在非常時期，為了特定企業或目標而減稅。

2. 貨幣貶值不代表一國的經濟一定會成功，貶值的確可以刺激
出口，但「貶值不能做為國家的政策」，且一國是否有競爭
力，不能只看出口，台灣認為經濟成敗全取決於出口產業，
這是不對的，應該是所有產業平均生產力的提高。

　　以上皆屬科學管理的思維，其焦點為：

1. 正確投資運用──乃窮經濟之理。

2. 貶值不能做為國家的政策──乃窮經濟之理。

3. 提升所有產業平均生產力──乃窮經濟之理。

4. 不該在非常時期，為了特定企業或目標減稅──乃明合理之德。

　　如此還不能證明科學管理的方向，是經濟嗎？

第五章　科學管理的規與矩

不以規矩，不能成方圓，同樣不以規矩，也不成為「科學管理」的思維。

第一節　規＝ABC Analysis

ABC分析法（ABC Analysis）：1897年，有位義大利經濟學者帕萊圖（Pareto）先生，研究當時義大利全國的財富，發現70％的財富，在全國10％的人口手中，10％的財富，在70％的人口手中，其餘20％的財富在20％人口的手中。這項統計都成了Pareto法則，所謂「所得分佈不均法則」。這個簡單的法則，在1951年美國通用電氣公司蒂克（Dekic）經理，將此法則採用在物料管理上，效果非凡，因此很快被其他公司廣泛採用。

就以Pareto經濟學者，分析義大利全國財富不均為例：對10％的富翁，在管理上，一定是重稅政策， 對70％的貧民，在管理上，一定是免稅政策，對20％的小康，按其收入比例徵稅。

這就凸顯出，重要的少數（Vital Few）與不足為道的多數（Trivial Many），以及中間數，用等級來分，就是ABC，或者是甲乙丙，或者是123都可以，不過ABC發明在先，大家統一採用才有價值。

為何筆者要稱ABC分析為科學管理的「規」呢？就以物

料管理為例，幾十種物料當中，一定有幾樣是最貴的，大部份是不值錢的，其餘的是中等價格。這樣一分為三，就好管理多了，A類用心管，C類馬虎一點管，B類適中就可，這才經濟合理，得心應手。ABC分析的精神，倒不限於一分為三，一分為二也可以，一分為四也可以，只要表現出輕重緩急就夠了。也就是說，對被管理的對象，先作ABC分析，然後做出重點管理，否則重點從何下手。

所謂「規」，就是圓規，將被管理的對象，按管理價值的不同，分別畫三個圈，然後再分別作重、輕、再輕不同程度的管理，這才可能有事半功倍的可能。例如台北市民，不是已經被市政府用圓規畫了三個圈嗎？所謂「貧戶、中產階級、富翁」，管理貧戶是重點工作，給錢或輔導就業都是重點工作。富翁和中產階級，只要按時繳稅，還用的著政府管嗎？今非昔比，台北市財富分佈不均，乃貧戶是少數，中產者是多數，富翁是中間數，況且貧戶輔導得宜，皆為小康，只有AB之分，這難道不是「經世濟民」的科學管理嗎？但是，台積電董事長發表了「贏者圈的隱憂」，將新竹科學園區的高收入者，稱之為「贏者圈」，這正是ABC分析為科學管理的「規」，最新的證明。什麼叫做「贏者圈」？就是這個圈子裡人才是靠知識、科技、冒險及創新的精神，所得來的財富或高收入，何況他們的確是領導高科技的生產者，當然是「贏家」。

所以在今日的台灣財富所得的分佈，不妨調整為：A＝贏者圈，B＝富者圈，C＝小康圈，D＝貧者圈。贏者圈的人口

最少，在國家稅收上，他們是重要的少數，但是今日治安不良的環境之下，他們卻成了「危險」的少數，這就是張董事長的隱憂！如何解套？張董事長說：增加「贏者圈」的人口數量，就像阿扁總統所希望的「綠色矽谷島」，屆時不但就可解除隱憂，而且台灣還會獨霸全球！究竟如何才能做到呢？很簡單，擴大高科技人口，科技包含：

1. 生產科技

2. 管理科技

　　管理科技，非要由本書開始！而且也是好的開始！

　　ABC分析法，行之已久，但是想到它是「規」者，恐怕還是只有筆者。否則企業管理，也輪不到筆者「天下文章一大抄」了！

第二節　矩＝Value Analysis

　　「規」是用在管理之初，「矩」則常用在管理之末。矩者尺也，常言道「人人心中有把尺」，為什麼不拿出來，量一量管理之後的價值呢？價值分析（Value Analysis），簡稱為VA，於1947年美國奇異電氣公司（GE），採購科長米耳斯（Miles），他發現市面出現「不燃紙」的產品，比起該公司慣用的「石棉」，是價廉物美，足以取代石棉。只因該公司安全工程師，墨守成規，不予同意，而無法實現。但米耳斯先生鍥而不捨，當眾實驗，由於其效果優良，價格便宜，終於說服了大家，而修改公司規章，改用不燃紙。由於這一項價值

分析的成功，他就趁熱打鐵，把所有的材料逐一作其價值分析，結果材料成本降30％，並且正式成立價值分析員（Value Analysts）組織，擴大從事物料管理的革新。根據1965年的統計，該公司十年之間，節省物料成本約二億元，1974年福特公司一年節省1800萬元，美國西屋公司在1959年一年節省1,520萬元。因此當年國防部長威爾遜下令實行VA技術，結果節省經費50億元，並且正式宣佈：「凡未實施VA的民間公司，不得與國防部交易」，連海軍軍處專家詹森說：「VA技術，是政府和企業20世紀的新里程碑」。但是台灣根本就不理會這里程碑，照樣經濟突飛，當然是一個奇蹟！

　　說了半天，VA到底是個什麼玩意？就以石棉與不燃紙為例：

(1)石棉的價值＝$\dfrac{效用}{價格}$＝$\dfrac{耐火}{100元}$

(2)不燃紙的價值＝$\dfrac{效用}{價格}$＝$\dfrac{耐火}{50元}$

當然不燃紙價值高，常言道「不怕不識貨，就怕貨比貨」，比貨就是價值分析，石棉與不燃紙同樣有耐火的效用，前者100元，後者50元，何者價值較高，不言可喻。結論就是：

(1)價值＝$\dfrac{效用}{價格}$＝$\dfrac{\text{Efficiency}}{\text{Cost}}$

　　如，價值＝$\dfrac{司法獨立}{預算相同}$＞價值＝$\dfrac{司法不獨立}{預算相同}$

(2)價值＝$\dfrac{品質}{成本}$＝$\dfrac{\text{Quality}}{\text{Cost}}$

如，價值 $= \dfrac{品質保證}{預算相同} >$ 價值 $= \dfrac{綠色執政}{預算相同}$

(3) 價值 $= \dfrac{利潤}{成本} = \dfrac{Profit}{Cost}$

如，價值 $= \dfrac{建核四有利潤}{成本相同} >$ 價值 $= \dfrac{停建有損失}{成本相同}$

(4) 價值 $= \dfrac{功能}{成本} = \dfrac{Function}{Cost}$

如，價值 $= \dfrac{總統制}{預算相同} >$ 價值 $= \dfrac{雙首長制}{預算相同}$

乾脆通俗一點：價值 $= \dfrac{物美}{價廉}$　　如，價值 $= \dfrac{品學兼優的政治家}{不浪費公帑}$

這項價值觀，乃人類自然的共識。

　　由於價值有大小之分，所以每一個人都會分析，即俗話說的好「算盤打的精」。想價值增大，在數學上只有兩個方法：

1. 分母不變，分子增大：

甲的價值 $= \dfrac{利潤比較大}{成本相同}$　　例：甲區選票價值 $= \dfrac{政治家}{月薪20萬元}$

乙的價值 $= \dfrac{利潤比較小}{成本相同}$　　　　乙區選票價值 $= \dfrac{政客}{月薪20萬元}$

相比之下，甲＞乙　　　　**相比之下，甲＞乙**

2. 分子不變，分母減少：

甲的價值 $= \dfrac{利潤相同}{成本較少}$　　例：甲選區價值 $= \dfrac{政客}{月薪20萬元}$

乙的價值 $= \dfrac{利潤相同}{成本較多}$　　　　乙選區價值 $= \dfrac{政客}{月薪20萬元＋關說費}$

相比之下，甲＞乙　　　　**相比之下，甲＞乙**

其實「貨比三家不吃虧」，就是價值分析，同樣的貨色，三家何者價格最低，就能成交。企業公司也是一樣，年終一定做一個產品價值分析，與同行比較一下，貨色是否比別人好，價格是否比別人便宜，答案「YES」，則競爭力強，否則則弱，不改進行嗎？政府更是如此，假設四年內每年預算相同，但政績逐年增加，則四年後總統還怕不連任嗎？所以VA是人人要用的尺，能說不是科學管理的「矩」嗎？

價值不但有大小之分，而且還有超大和超小之分，這就要靠各人智慧的眼光，這就是所謂的「價值觀」，看的準，其價值就可能超大，王永慶的企業之所以能夠超大，乃他看得準。怎樣才能看的準，還是那句老話：「窮理明德」，只要功夫到，鐵杵也能磨成繡花針。就像李大師在牯嶺街花了一點錢，買到了全台地籍冊，三十年後義賣一仟萬捐給慰安婦，這不但是價值判斷正確，也充分展現出他「窮理明德」的中國功夫！

大概是六〇年代，各電器公司為了促銷冷氣機，皆打出EER，大眾不知所云，還是孫院長代為解說，此乃「能效值」也，

原文：$\dfrac{\text{Efficiency}}{\text{Energy}} = \text{Ratio}$ 中文：$\dfrac{效}{能} = 值$

放大一點 $\dfrac{效能}{能源} = 價值$ 此與價值分析何異？

宋局長也幽了一默，EER譯成「能笑值」，更為通俗，因為冷氣機冷度強，耗電量小，則銷路一定好，老板多賺錢，還不值得笑嗎?!可見在孫院長時代，確有推動VA運動的打算，

只因乏善可陳，不了了之。

　　光陰似箭，一轉眼過去20年，懂得用ABC分析法及VA者，是寥寥無幾，反正錢已經賺到口袋裡，管他什麼規矩！要知道WTO快來了，到時候關稅抵不過經濟自由化，貿易國際化，如果不趁早做價值分析工作，屆時很難應付外來的衝擊！

　　不錯，農業已經有部份向高價值產品方向改進，工業也正邁向高科技產品出發，但是種類不夠多，速度不夠快，似乎要把樣板豎立起來，以昭信大眾！形成風氣，才能突破瓶頸！
樣板：

農業：葡萄價值＝$\dfrac{利大}{本同}$ ＞ 稻米價值＝$\dfrac{利小}{本同}$

工業：電腦價值＝$\dfrac{利大}{本同}$ ＞ 電視價值＝$\dfrac{利小}{本同}$

否則大家都不懂得用價值分析，不懂得用ABC分析，不懂能解決問題嗎？還想盼望經濟再出現奇蹟嗎？

　　因為今非昔比，競爭非常激烈，就像目前的房地產，已經從賣方市場，轉為買方市場，有時候連VA都使不上力。因此美國早就推MOVA（Marketing Oriented Value Analysis），就是「按市面行情來作價值分析」。日本應用有效果，例如某營造業公司，在距離一個工業區較偏遠的地區，興建一個大社區，並先建好一條鐵路連接兩地，由於社區房價特別便宜，所以被搶購一空，投資者明知虧損約5％，卻面不改色，連同行都替他捏一把冷汗。其實他早作了MOVA的工作，因為鐵路的盈餘，第一年就彌補虧損的5％，第二年起就財源達三江。不

久，台北花園新城，就是翻版，也賺了不少錢，可見好方法，還得應用之妙，存乎一心！尤其李大師作的廣告詞「花園不在我家，我家卻在花園裡」，更是錦上添花！

　　ABC分析和VA，皆為科學管理的工具，就像木匠的規與矩，隨身而帶，隨時可用，因為不以規矩，不能方圓。所以將ABC分析＝規，VA＝矩，乃科學管理之必要工具，工欲善其事，必先利其器，能說不重要嗎？能說不像管理者的雙眼嗎？否則價值觀從何而來？沒有價值觀，能聽的懂美國競爭策略大師波特（Porter）在台北的演講嗎？有關「價值」的要求，大師特別重視：

1. 他建議台灣企業不要在「價格」上競爭，應該在「價值」上取勝。因為在「價格」上競爭不過大陸，只有從「價值」上著手，所謂「精製產品及高科技產品等」。

2. 台灣與大陸經濟關係的定位，應從「分工」著手，台灣可以藉發展「群聚效益」，或成為大陸不可缺的「價值鏈」，前者是台灣產業功能的發展，後者是取得大陸生產的前端。例如台灣成為高科技產業的設計中心，大陸生產，但由台灣負責行銷路線。

　　說明：

(1)價值上取勝，台灣生產比大陸還要精製的產品及高科技產品，在國際上以價值來競爭。

(2)群聚效益，是台灣大企業集團的優勢，資金充足，人才齊備，經驗豐富所以有集團效益。

(3)價值鏈，就是價值的關鍵，如新產品的設計是價值的關鍵，上市後行銷管理也是價值的關鍵，只要掌握這兩個關鍵，就可以長期經營，領先爭取經濟效益，但是必須要學會作價值分析。

第六章　科學管理的循環

　　科學管理的循環，在科學管理這門學問中，就像汽車的引擎（Engine）一樣的重要。汽車引擎的理論是四衝程，而科學管理的循環是三衝程。

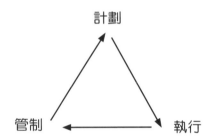

　　引擎要注入能源，才能產生動力，管理循環，要注入人的知識，才能發揮功用，所以才有如此一說「知識就是力量（Knowledge Is Power）」。

第一節　計劃

　　法國工業家費堯（Fayal）說：「計劃是各項預測的整合」，計劃又是科學管理的開始，好的開始是成功的一半，其重要性，就可想而知。美國管理學專家甘梯（Kent）說：「一個明智的政策，比一個大的工廠還有用。」，政策乃計劃之一。

第一目　重要性

　　「計劃始於管理」，「管理必有計劃」，這兩個標語，似

乎可以掛在政府門口兩側，免得有人打混，尤其最適當掛在立法院，因為立法院就是最大的計劃審查機關。計劃的重要性：

一、消除不定性：

1. 企業：企業在求利，企劃書乃求利的保證書，員工全力以赴，責無旁貸，消除不定情況的干擾，一切按計劃執行。

2. 政府：政府更強調「依法行政」，法就是計劃，尤其是憲法，任何法律與憲法牴觸者無效，因為憲法是國家根本計劃，只有司法獨立，方可消除不定性。

二、意志集中：

1. 企業：企劃書乃企業求利的保證書，全體員工如果意志不集中，能達成目的嗎？何況年終，只要業績好，獎金跑不了！

2. 政府：政府有幾十萬大小官員，整天在忙什麼？就是在執行「預算」，「預算」就是計劃，執行的有績效，年終考績不是優等，就是甲等，每位官員都有年終獎金可領，其意志能不集中嗎？其實獎金的目的，就是意志集中的紅蘿蔔！

三、有整合性：

1. 企業：超級市場要比菜市場整齊清潔，因為前者經過設計和整合。企業要想分工合理，合作愉快，則必須按照計劃加以整合，以便運作順暢。

2. 政府：預算是會計單位，整合各單位的預算，而作成的

總預算，而且還要經過立法院審查，整合的經濟合理，則通過，否則輕者刪減，重則退件。

四、不浪費資源：

1. 企業：企業每一年所需的人力、物力及財力，在企劃書中規定得一清二楚，不得多用一個人、一分物料或一分錢，否則都是浪費！

2. 政府：貪污是浪費公帑的元兇，必須嚴懲！

    (1)克難時期：據說有位將軍夫人，在國軍購買大批進口布料上動了手腳，貪污有限，就被蔣中正總統賜死。

    (2)經濟起飛：蔡辰洲掏空十信，而造成小風暴，充其量也不過兩三億元，結果蔣經國總統，革掉經濟部和財政部兩位部長。

    (3)經濟奇蹟：七年前阿扁當立委時說「尹案是冰山一角」，此一角的佣金就五億美金，即台幣150億元，七年後阿扁當總統發誓「就是動搖國本，也要辦到底」，並限期在年底結案。呂秀蓮副總統說「軍售弊案一定要查清楚，講明白，因為納稅人的錢不明不白得給亂花掉，貪污掉，是全民之痛，全民之恥。」可見「窮理明德」的正副總統，的確比上任者要「仁民愛物」，消除人民之痛，就是仁民，消除貪污，就是愛物，人民當然大快人心！

五、便於管制：

1. 企業：生產單位，皆有生產管制及品質管制，如果沒有

生產計劃的生產量及規格，則從何管制起！

2. 政府：監察委員，是依法律彈劾或糾舉不肖官吏，法律就是最強硬的計劃。

第二目　計劃的形式

計劃者，乃指可行的書面資料也，如同土木工程或機械工程的設計藍圖，範圍之廣，幾乎包羅萬象：

1. 預算：預算是「數字」會說話的計劃，此乃「數」是科學管理的對象，最好的證明。

2. 政策：政策乃業務推動的方向，勢在必行，不得跳票，如「三三三政策」，美國的「One China Policy」。

3. 方案：因時制宜的行動計劃，稱為方案，如921賑災方案、促銷方案，以及修憲方案等。

4. 法律：六法全書是全體國民必須遵守的計劃，王子犯法，與庶民同罪，這才是司法獨立，否則計劃再好，執法不力，也是枉然，為何執法不力，乃無「窮理明德」的素養也。

5. 程序：作業程序，乃工作統一的方法，洋人叫ＳＯＰ（Standard Operating Procedure）。

6. 規則：如交通規則、借書規則，及納稅規則。

7. 其他：如公文（主旨，說明，辦法）、簡報、報告，及請假單等皆屬可行的計劃，所以包羅萬象。

計劃的形式，雖然多得不勝枚舉，但是其內涵一定要合情合理，否則惡法不如無法。洋人有一個管理的鐵則（Iron

Law）——如果計劃本身有問題，那麼執行越快，失敗也越快，如果計劃正確，即使執行有所偏差，即時修正，還可以挽回失敗。

由此可見，明智而完善的計劃，才是好的開始，也是成功的一半，否則就是失敗的全部。就像八掌溪事件，是誰定的計劃（政策）——「標高2,500公尺以上，由海鷗救難直升機部隊出勤，2,500公尺以下者，由警方救難直升機出勤。」連立委都罵「這個政策是人訂的，還是豬訂的」，錯的程度，就可想而知。其實，政策應該這樣訂：「凡氣候影響飛行安全，可以不出勤救難，否則一律爭取時間救難，誰先接到救難訊息，誰就先出發，不得有誤，否則依法論處！」這根本與標高沒有關係，難道警方直升機飛不高2,500公尺以上嗎？這不是豬訂的政策嗎?!政策面的錯誤，卻轉嫁給執行面，合理嗎？

第二節　執行

有計劃，無執行，等於「妄想」；有執行，無計劃，等於「冥行」，所以計劃——執行——管制，乃管理的循環（Cycle），也是管理的衝程，非有人才不可，因此人才是企業和政府的要素。企業以人才為本，中興也是以人才為本，如果爛蘋果多於好蘋果，則衰，否則，反之。所以執行，非同凡響，也有一套作業的理論。

第一套　領導

不論是生產業，或服務業，目標完全一樣：

$$產出（Out\ Put）＞投入（In\ Put）$$

投入，不外乎人力、物力及財力。其中只有人力的管理最難，所以非要好的領導，才能化難為易。所謂「好的領導」，就是要有「窮理明德」的素養，別人才口服心服。

一、企業：

由領班到董事長，各級主管，皆是領導人物，事業的成敗都是他們的事，所以領導者的本領：

1. 專業：不得外行領導內行，否則就是領導無能，企業難成氣候！政府政績難有起色！

2. 品德：行為端正，否則別人是看不起的，領導也只是虛有其表！政客更為凸顯！

3. 掌握產能：達到生產的進度，不得偷雞摸狗。為政也是一樣！

4. 整合分工：分工適當，合作無間，乃整合是也。總統就是整合專家。

5. 鼓舞士氣：不要打擊士氣，士氣高，生產力強，乃顯而易見的事！張學良都認為孟子說的「君視臣為草芥，臣視君為寇仇」，為金科玉律，今日領導者為何視而無睹。

二、政府：

下至股長，上至總統，中間各級主管，皆是領導人物，政績的成敗，都是他們的事，成功則是他們領導有方，否則就是領導無能。所以領導者，不修練「窮理明德」的中國功夫行嗎？起碼也得有前面五大本領。前科委會主委張明哲博士，一再強調「第一流人才，做第一流的事；第二流人才，做第二流的事；第三流人才，做第三流的事。如果不是人才，不但成事不足，而且是敗事有餘！」由此可見，新舊政府的亂象，其原因乃大同小異！葉教授說：「領導是方向，不是地位」，與范教授所說：「方向重於努力」，是相得益彰，是政治人物改變觀念的時候了，所謂「讀聖賢書所學何事？」否則發展知識經濟，也不過是政治口號而已！

第二套　協調

業務不同，單位不同，人員不同，層次不同，要想觀念相近，不協調行嗎？

一、企業：

企業公司的領導人，協調是他們的重點工作，否則生意很難興隆，難以向老闆交待！

二、政府：

民選的官吏，協調能力特別強，就怕立委罵，議員罵，以及媒體罵！尤其新總統，無時無刻不在協調，因為放砲的人太多了！黨秘書長砲打院長，總統馬上協調「這是吳秘

書長個人言論，我永遠支持唐院長」。呂副總統放砲「八掌溪事件，總統慰問家屬太慢！」總統又得即時找理由回應！如此都在耍嘴皮，不務正業，試問協調意義何在？

第三套　溝通

溝通像交通（Communication）一樣，暢通無阻，免得有所質疑，有礙管理的運作。

一、企業：

企業公司的主管，都是吃老闆的飯，溝通不良，影響前途。所以開會、簡報、晤談、電話、公函、公告等等，都是溝通的道具，甚至於設專人作溝通工作，那就是「公關」！

二、政府：

溝通很難，官吏都是吃國家的飯，誰也不服誰，大家都不怕官，只怕管，誰管得到，誰說話算數，不必溝通。即便說錯了，還有新聞局長，出面化裝。就像阿扁總統，第一次坐豪華專機，還要和全國人民作上課式的溝通：「飛行員要尊重塔台，塔台也要尊重飛行員」。言下之意，就是要行政院尊重立法院，立法院也要尊重行政院。簡而言之，立法院不要找行政院碴！否則大家都有同歸於盡之虞！

飛行員按塔台指示飛行，這是他的義務和責任，他必須服從塔台指揮，兩者沒有尊重的關係，否則就會出狀況，就像前

華航飛機，衝出跑道，人機全毀。這是觀念錯誤。

監督是立法院的權利，找行政院的碴，也是天經地義的事，阿扁當年當立委時，不是靠找碴起家的嗎？

行政院的本領，就是不怕找碴，如果真的鎖定是立法院找碴，也有覆議權可用，再不行，行政院的後台老闆，還有解散國會權。

再說，「同歸於盡」乃軍人的武德，不成功便成仁，就像日本當年在第二次大戰時，用零式飛機，帶上足夠的炸彈，飛行員坐上飛機，長官就座艙罩一鎖，飛行員想逃都逃不掉，只有向美艦直衝，目的在「同歸於盡」。這句在政治上，是用詞不當，因為政治是管理眾人之事，好壞概括承受，沒有「同歸於盡」的權利，只有鞠躬盡瘁的義務！美國歷來新總統上台，宣誓就職第一句話都是「前任總統對外國所簽訂的條約及國內所有的合約，本人概括承受」，由於總統絕對尊重國會，所以政黨輪替是風平浪靜，非「驚濤駭浪」。

第四套　監督

監督者，乃監察督導也。

一、企業：

生產事業，在工廠的領班，就是督導該班工人，生產進度不得落後，監督工人有沒有偷工減料，因為這些皆影響該班工人全體的業績，所以領班監督非常嚴格。因此監督對基層而言，重點在其工作效率，對中層而言，重點在其協

調和溝通的能力，對高層而言，重點在其領導與整合的能力。監督者對這三個層次，要「通權達變」，但是理念的方向，可不能變，那就是監督者「窮理明德」的素養。

二、政府：

政府為了國泰民安，監督的設置可以說是滴水不漏，警察、憲兵、政風室、調查局、情報局以及國安局等，恐怕人數超過20萬，即平均每一百個人，就有一個人監督，照理說，國泰民安，天下太平，但是實際上，未如人願，監督者如何向納稅人交待。

第三節　管　制

管制（Control）是以計劃中規定的產量、品質及進度等為標準，對生產過程，適時加以檢驗與考核。如何知道生產過程中的產量、品質及進度，則需透過有系統的記錄與分析，作出精確的報告。

第一目　記錄分析報告

任何一種產品，一旦進入生產，一定有用料數量、產品數量、品質檢驗以及進度等記錄。管制者將這些記錄，用電腦按日整理出報表，經常與計劃中的規定項目，核對是否相符。相符表示生產正常，否則就要進一步的分析，找出原因，請生產單位修正，導入正常，所以管制是執行的監督。到年終做一個完整的生產報告，作為下一年的企劃參考。

第二目　品質管制

品質保證，企業責任，濫竽充數，遲早關門。

品質保證，政府責任，仁民愛物，不得打混。

因為民智越來越成熟，對物品越來越考究品質，對參選者越來越要求品味。

一、企業：

任何產品，如果品質管制不良，而遭到整批退貨，都是該公司關門的前奏！就像這一次香蕉，日本全部退貨，搞得台灣全民吃香蕉，阿兵哥直叫肚子吃不消！

二、空軍：

空軍飛機飛行，為什麼出事率小，就是每一個基地，都有修護管制，每飛100小時的飛機，不管有無毛病，一律進廠檢修，然後再經過品質檢驗，確定一切無誤，才准飛行。民航機公司也是空軍制度的延伸，所以出國旅遊的人，坐飛機非常安心。

三、政府：

民主政治的三權：

1. 立法＝計劃　⎫
2. 行政＝執行　⎬　政治品質，是計劃完善，執行認真，管制
3. 司法＝管制　⎭　嚴格。

大家都知道，四衝程是汽車引擎的理論，在此三衝程卻是科學管理循環的理論，因為：

　　有計劃無執行＝妄想，

　　有執行無計劃＝冥行，

　　有計劃有執行而無管制＝冒險。

所以三者不可缺一，才是科學管理。

同樣的理論：

　　有立法無行政＝妄想，如國統綱領，

　　有行政無立法＝冥行，如停建核四，

　　有立法有行政而無司法＝冒險，如黑金共治。

所以三權不但不能缺一，而且要獨立，彼此制衡，才算真正的民主制度。否則像總統有權無責，就是民主制度的剋星，因為他可以妄想出「認同台灣」惡念，他也可以冥想戒急用忍，他更可以冒險讓判重刑的貪污犯，保外就醫選立委。如此自亂陣腳的總統，政治想不亂也難，經濟想好也難！

第七章 科學頭腦

「科學管理」來自「科學頭腦」，「科學頭腦」來自「聰明才智」，因為聰明人處理事情，懂得用科學頭腦的：

一、觀察力：

明人不說假話，如果沒觀察力，何以分別其真假呢？

二、分析力：

學會ABC分析的精神，自有分析能力。

三、推測力：

有學識，有經驗，有智慧皆可預測未來，李大師拒絕劉家昌先生的傳播公司兩仟萬元的乾股，乃有先見之明！

四、實驗力：

也可以說是反省力，如今朝野亂中有序，還是靠大家的實驗力，一看苗頭不對，即時反省。就像吳秘書長砲轟唐院長，吳乃仁看到阿扁發火，第三天就反省道歉。唐院長也表現一副「政治家」風範的說「吳秘書長和一般人民一樣，皆有批評的自由，這就是民主的可貴，當然我也要反省」。

第八章　行為科學

　　人不但頭腦要科學，而且行動也要跟著科學。就像駕駛車輛者，一定有交通號誌***（紅黃藍三種燈）的科學頭腦，不闖紅燈，就是科學行為。否則發生任何危險狀況，皆是投機心態！其實中國聖賢之書，幾乎都是行為科學，如孔子曰：「好學近乎智，力行近乎仁，知恥近乎勇。知斯三者，則知所以修身，知所以修身，則知所以治人，知所以治人，則知所以治天下國家矣。」這難道不是做總統的「行為科學」嗎？

　　洋人很天真，行為科學，也要經過專家們實驗所得來的結果才算數。美國1927年，哈佛大學三位教授（Mayo, Reath-Irsberger & Whilehed），在胡桑工廠（Howthorne Plant），從事行為科學的研究，研究的目的，看看「人的行為，到底與工作效率」有什麼關係？於是選出若干工人，集中在一間小型廠房工作，以改善環境為手段，第一天不變，下班後將該天工作效果記錄下來，第二天加裝了冷氣，工作效率果然上升一點，第三天加裝音響，其工作效率又上升一點，如此每天改善到第十天，工作效率仍然是有增無減。於是第十一天起，逐天逐次拆除設備，奇怪的現象產生了，就是工作的效率還在一點一點的上升。等到實驗結束，工人各自歸建，大家的工作效率立刻大減到低水平。教授們彼此相顧，是目瞪口呆，大感不解！三位教授，只好分別去向那批工人移樽就教，結果答案是千篇一律：「當我被選在眾目睽睽之下，渾身感覺到光

榮與興奮，於是乎工作起來，一天比一天賣力，等到曲終人散，我也不被重視，幹勁自然下降到底線。」由此，三位教授得到了一個結論：「工作效率與榮譽尊嚴成正比」，難怪美國一向強調人權（Human Right），由此大家才重視人際關係（Human Relation），尤其近代，更擴大為公共關係（Public Relation），簡稱為公關。如今台灣最流行，每個企業都有公關人員，而且還是女性較多，政府的政務官更懂得這一套，派機要人員專門與立委做公關，免得挨轟！新聞局長就是行政院的公關，像是八掌溪事件，這位女性局長，在家看電視找新聞，一直看到這四名工人滅頂，才上床睡覺。第二天早上七點，才想起報告院長。宋楚瑜當新聞局長時，就在中美斷交當夜，就向蔣總統經國先生報告，好像第二天早上，總統府前廣場，就開始有大批群眾猛踩花生！接著就在松山機場路上，大批群眾向美國副國務卿克立斯多福的轎車丟番茄，也許這是公關另一類的表達吧！不過話要說回來，如果宋局長當夜不闖總統官邸，他的烏紗帽非掉不可，說不定又像葉公超一樣。當年葉大使被貶為政務委員時，在家習畫作墨，有一次有位好友問大使：「閣下在家『政務』很忙吧？」大使脫口而出「政事沒有，特務很忙，就連我上廁所，他都跟在門口！」怪不得古人都說「苛政猛如虎！」葉公超是一代才子，連洋人見他都恭敬三分，只因為他不贊成大陸進聯合國，而我國退出聯合國，違反了老總統的「漢賊不兩立」的刻板印象，而落得他老年悽涼。難怪李大師鐵口斷言「蔣介石是把人才當奴才用，蔣經國

是把奴才當人才用，李登輝是把奴才當奴才用。」

　「行為科學」研究到今天，已經成為寶塔型。

一、生理需要感：

　衣食住行四大需要，乃工作者的基本要求，所以政府才明訂「基本工資」。由於台灣錢都淹到腳脖子，所以補辦育與樂，政府鼓勵員工上夜校、空中行專、商專及大學，同時每年都舉辦出國旅遊，沒結婚的員工，還可以參加集團結婚，所以現在的軍公教人員，總算輪流到「黃金時代」，民營大企業也不錯，科學園區裡有些公司的年終獎金就高達百萬以上，只要真的是「綠色執政，品質保證」，大家還有什麼話好說。

二、安全感：

　工作安全是企業的責任，更是政府的責任，勞保、公保、健保都是政府的德政，給全民帶來了安全感，也是安定社會的力量！

三、同事感：

　官僚體系，不可能有同事感，部屬見到長官，閃都來不

及，還談什麼同事感！民間企業可能好一點。好在近十多年來，有社團的組織，才有同嗜之感！於是拉進了同事之感！

四、尊嚴感：

工作無貴賤，人格皆平等，彼此互尊重，對事不對人，窮理要明德，大家無隔閡。政治偵防，乃尊嚴最大的敗筆，所以阿扁總統宣佈廢除此白色恐怖的作法！

五、成就感：

就是個人工作能力的表現，能力高，成就快，升遷也快，如此良性循環，就是企業的成長，台塑企業不是嗎？張忠謀先生不是成就的代言人嗎？反觀政府，要想有真正的成就很難，當年的蕭院長，花了九牛二虎之力，請若干學者專家，研究出證交稅的方案，眼看馬上就有成就，紅頂商人到李總統家三言兩語就被推翻，蕭院長正想據理力爭，未料劉泰英和蘇志誠兩位大臣異口同聲指責蕭院長「你是總統幕僚長，別搞錯了！」第三天蕭院長只好收回成命！

六、幽默感：

這是額外的一感，假設它是第六感吧！洋人很喜歡幽默，常常以此化解尷尬場面。從前英國首相勞斯喬治先生，在一個宴會當中，與某一女士相遇，恰巧該女士平時對他的施政極度不滿，她便趁機發洩一下「假如我是你的夫人，我一定在你這杯酒中下毒！」，這位首相很悠哉的答：「假如妳是我的夫人，我一定喝下這杯毒酒！」就這幽默

的一語，化解尷尬的窘態！不過，在中國古代文化，好像沒有幽默（humor）類似之詞，大概是受「君無戲言」的影響吧？也許幽默要靠一點天份，就像李敖大師，當年在警總被刑求時，被三枝原子筆夾在左手指之間，執刑者抓住他的右手去捏左手，痛得他面不改色，執刑者說：「你的痛要怪你自己的右手」，他說：「我不怪右手！」執刑者說：「那你怪誰？」他說：「我怪『原子筆』！」逗得大家會心一笑，而不好意思再刑求了！

以上只不過是「行為科學」的技術面，《論語》才是「行為科學」的基本面：

學而第一，子曰：「學而時習之，不亦說乎？有朋自遠方來，不亦樂乎？人不知而不慍，不亦君子乎？」此乃行為科學的「明德」。

為政第二，子曰：「道之以政，齊之以刑，民免而無恥。道之以德，齊之以禮，有恥且格。」此乃行為科學的「窮理」。

　　因為「行為科學（Behavior Science）」，就是緣自自然法則（Physical Law），也正是中國的中庸之道，程子曰：「不偏之謂中，不易之謂庸，中者天下之正道，庸者天下之定理」。不走正道，焉有中間路線可言乎？

第九章　論文

　　「科學管理」是「知識經濟」的火車頭，也是「知識經濟」的基本知識，更是本書的主軸，必須在此階段加以專論，才能凸顯出對政經的重要性，值得學以致用，以挽狂瀾！

第一節　發展知識經濟必須從科學管理開始

　　泰勒（Taylor）說：「科學管理是一切行業管理之母」，尤其是政治為服務業，全靠科學管理及企業化的經營，否則就和爛攤子一樣，亂七八糟。「知識經濟」一詞，只不過在提醒人的注意，認識經濟的成長，乃靠知識累積出的智慧，所產生的驅動力所致。由於經濟學的定義是用科學管理財貨的科學，可見科學管理也是經濟學之母，「知識經濟」，只不過是兩者綜合的延伸，並無新意。

　　要知道，科學始於分類，而科學管理，剛好將分門別類的事務，加以經濟合理的安排，令人井條有序，便於作業，自然會產生經濟效益，目的在造福大眾，這才是科學管理的核心價值——窮理明德，所謂「窮知識經濟之理，明造福大眾之德」。如果政治人物沒有此「窮理明德」的核心價值，一定是爭權奪利的政客。如果主政者也無此「科學管理」的核心價值，也只有阿扁敢欣慰的說：「現在國家在亂，政治在亂，社會在亂，幸好人民還沒有亂」的大話。世界日報新聞眼記者王鴻薇特稿「回顧過去一年半，大家談到經濟向下沉淪，民眾對

政局混亂，財經政策方向不明，莫不咬牙切齒……」他總不能掩耳盜鈴吧！何況李大師已經給新政府八個大字「民不聊生，官不聊生」，這就顯示沒有「科學管理」的後遺症，也就是沒有「窮理明德」素養的惡果，在今日政經生態之下，談「知識經濟」會有效果嗎？所以目前政治人物是改變觀念的時候，要確認管理眾人之事的政治，全靠「知識經濟」，發展「知識經濟」必須從「科學管理」開始！

第二節　科學管理是朝野的共識

所謂「科學管理」的共識：

1. 科學管理：乃窮理明德的經濟合理的安排，具體而言，就是窮經濟之理，明合理之德，最簡單記憶，就是「窮理明德」，自然管理適宜。

2. 科學管理的對象：是「數」，治眾如治寡，分「數」是也。不知數則不能妙算。

3. 科學管理的方向：是「經濟」，底線是不浪費，中線是開源節流，上線是經世濟民。

4. 科學管理的規矩：ABC Analysis＝規
   Value Analysis＝矩

5. 科學管理的循環：計劃→執行→管制三者的循環。

6. 科學頭腦：觀察力、分析力、推測力及實驗力。

7. 行為科學：科學是「窮理明德」的觀念，觀念是行動的先驅，有觀念不行動＝妄想，有行動無觀念＝冥行。

如果「科學管理」比為柴油火車頭，則七點可比為七個活塞，而是產生動力的引擎。

以前科學被稱為科先生，在此不妨就稱「科七點」，可能比「錢七點」更有價值！這七點乃朝野政治人物必備的共識，否則就別怪美商譏笑「執政黨還沒有學會管，反對黨還沒有學會不管」，這就是朝野政治人物，都沒有「科學管理」共識的後遺症。

尤其是執政黨，選前高唱「綠色執政，品質保證」，如今執政一年多來，剛好相反「綠色執政，亂象叢生」。施明德早就說過阿扁團隊是「半招拳術闖江湖，兩片嘴皮唬天下」，表示根本沒有科學管理的思維，當然也就談不上朝野共識。如何正本清源，只有執政者率先有以上七點共識，實踐於政務上，才能催化出朝野互動良好！因為用科學管理眾人之事，誰都沒話講，在野黨歡迎都來不及！這是大家的共識，也就是人同此心，心同此理。再說科學管理的結果，一定是令人品質滿意。試問，還有不喜歡「綠色執政，品質保證」的人嗎？

第三節　窮理明德乃經濟再生的萬靈丹

「科學管理」是技術，「窮理明德」是精神，兩者是一體的兩面，必須相提並論，也可兩者合而為一，前者是洋貨，後者是土產。阿扁說：「經濟再生，沒有萬靈丹，也不能不勞而獲。」其實他只說對一半，因為「窮理明德」不但是經濟再生的萬靈丹，而且也是穩定政治的特效藥。像美國的富強，加

拿大是移民的最愛，瑞士人民生活的優雅，以及新加坡法治的文明，皆靠政治人物的「窮理明德」或「科學管理」的萬靈丹。就是台灣當年經濟奇蹟年代，政治比現在穩定，經濟蒸蒸日上，社會也比現在安定，大眾都能安居樂業。這些現象，可以說都是趙鐵頭、李部長及孫院長等人有「窮理明德」素養，在經國先生比較英明領導之下，充分發揮了「科學管理」政務的功能以及企業經營的效果，才造成亞洲四小龍之首的寶座。能說「窮理明德」不是萬靈丹嗎？連大陸江澤民都堅持「科學理論的指導」，當然以「科學管理」為用，以「窮理明德」為本，兩者合而為一，就是振興經濟的萬靈丹！

　　例如許水德院長，他一生官運亨通的座右銘是「一切為公，自然發功」。試問，一切為公不「窮理明德」辦得到嗎？它能「自然發功」，還不算是萬靈丹嗎？這粒萬靈丹乃聖人們的處方，最簡單的如：

1. 王陽明大師說「窮理明德是格物」，即窮理明德是科學管理。

2. 孔子曰：「物格而後知至，知至而後意誠，意誠而後心正，心正而後身修，身修而後家齊，家齊而後國治，國治而後天下平。」就是窮理明德。

　　試問，現代的政治人物與主政者，若不按處方煉丹──窮理明德，經濟能再生嗎？何況如今煉過「窮理明德」仙丹者大有人在，如趙老、施兄、蕭弟等，所謂「十步之內，必有芳草」，孔子曰：「十室之邑，必有忠信如丘者焉，不如丘之好

學也。」其中最後一句，以現在而言，已經不合時宜，因為李大師之好學，不亞於孔子。話說回來，全方位的李大師和陳才女，都是居閒之鶴，豈可不珍惜呢？〈秦誓〉曰：「若有一個臣，斷斷兮，無他技，其心休休焉，其如有容焉，人之有技，若己有之，人之彥聖，其心好之，不啻若自其口出，實能容之。以能保我子孫黎民，尚亦有利哉！」這就是春秋秦穆公窮理明德經驗之談。不如翻成白話「假如有個臣子，誠信始終如一，即便沒有特別本領，只要心地善良，有容乃大，將人家的本領，視同自己也有一樣，人家做事通情達理，心喜若狂，身同感受，人家循循善誘，等於出自己口，這樣有宰相肚子能撐船的人，一定能保護我們人民安居樂業，讓子孫幸福，也就是國泰民安，風調雨順！」秦穆公的經驗之談，能說不是穩定政治與振興經濟的金玉良言嗎？難道借古鑑今，不是「知識經濟」嗎？

第二篇
企業管理

企業管理是「知識經濟」的第一節知識車箱

企業是生產事業和服務業的集合名詞，乃由英文Enterprise翻譯過來，原文就是「有企圖心的事業」，簡稱企業，非常恰當。企業管理，就是企業專用的科學管理，也可以說是企業的科學管理，簡稱為企業管理，簡化為「企管」。非要讓有窮理明德的人，加以運用，才如虎添翼！政府是服務業，也是國家最大的企業，如果不用企業管理，會順利嗎？會有效嗎？如今不是不證自明嗎？

第一章　企管的任務

簡而言之，企管的任務，就是「開源節流」，否則根本談不上是企管。公營事業，絕大部份是，既不能開源，也不能節流，所以很難達成任務。王建煊先生說：「公營事業，虧損是正常，盈餘是例外」，可見公營事業，根本就沒有任務可言。

第一節　確保企業的生存

企業要想保生存，一定要將有限的資金，以靈活的週轉運用，發揮資金最大的效用，一般是以小資金大週轉，應付財務調度，也用軋近期支票，開遠期支票，甚至於像以前跑三點半都願意，就是盡量不舉債。因為中小企業，不可能有充足的資金，先天本來就不足，後天再舉債失調，想生存也難喔！

所以中小企業之所以發達，全靠老闆族，親自跑三點半的精神起家，因為他們的任務就是「開源節流」，越此一步，攸關生存！公營事業每年都有足夠的預算，官員的任務就是消化預算，賠錢再多，他們都不管，因為高薪照拿。確保公營事業的生存，簡直是緣木求魚！

第二節　確保企業的成長

企業也是如同逆水行舟，不進則退，因為競爭的對手太多了，弱肉強食，優勝劣敗，在所難免。只要企業一旦穩定下來就得盡快求其成長，成長是建築在別人的滿意上：

一、顧客對商品的滿意：

顧客是企業老闆的衣食父母，如果顧客對其產品都不滿意，則休想賺錢，想成長，門都沒有，英語也有個俏皮話「No Way」。

二、員工待遇滿意：

企業是生產的客體，員工是生產的主體，所以他們如果得不到滿意的待遇，會全心全意投入嗎？

三、政府稅收滿意：

不按時繳稅，輕者罰錢，重者查封。

四、股東股利滿意：

股東投資企業，為的是股利，如長期無利可圖，則就退股走人。

由此可知，唯利是圖，並不是企業的缺點，反而是必要的優點，否則，誰都別想滿意。前經濟部長趙耀東先生，很有氣魄的向企業界說：「部長是所有企業的董事長，我幫助農業、工業及商業等投資者賺錢，讓他們都發大財，政府才有豐富的稅收，所以我必須為企業創造有利的環境。」如此偉大風範，難道不是「窮理明德」的政治家嗎？因此今日不是中小企業，都發財了嗎？稅收還不夠多嗎？

如果企業的成長，是企業的幸福，則不希望將幸福建築在別人的痛苦上，就像高雄前些日子，忽然發現自來水有怪味，而不敢飲用，結果發現水源上游，有工廠排放有毒液體，而污染了水源！汞污泥也是一樣，令人痛苦不堪！

第二章　企業化

　　企業化，就是企業科學管理化，又稱企業化的經營，看看美國兩位教授（Gublten & Keith）合編的*Introduction to Business Enterprise*一書中，對企業化的思維，怎麼說：

一、企業化的定義：

　　是生產業和服務業，求利行動的總和。以為政而言，就是仁民愛物行動的總和。

二、企業家像農夫：

　　在社會上播慾望的新種子，讓社會不斷的繁榮，讓人民生活水平，不斷提高，讓國家經濟不斷成長，但是新種子，需要合乎土壤，才有效果。企業家的總統也是如此。

三、企業是：

　　1. 國家稅收最大的來源。

　　2. 社會生活水準的推高機。

　　政府是：

　　1. 稅收的收銀機。

　　2. 社會生活水準的推高機。

四、企業關鍵在於人：

　　因為企業的生存，是依賴：1. 顧客；2. 員工；3. 投資者；4. 經理人。前三者之間的利益衝突，是一個變數，如果忽視此一變數，則就是一個笨經理！

五、企業家要：

在：1. 消費者；2. 員工；3. 投資者，三者之間利益衝突之下，找出平衡點，目的在讓三者均滿意。

因為

1. 消費者每花一元，皆希望得到最大的慾望滿足。

2. 員工每工作一小時，皆希望獲得最大報酬。

3. 投資者每投資一元，皆希望獲得最大利息。

只有用科學管理，才能將這三者擺平，然後企業才談的上——生存穩定中成長。企業家的總統也是一樣。

六、企業管理：

是為了縮減成本，增加產量，保持品質，如此企業才有競爭力。是不浪費公帑，增加人民的福利，保證執政品質，如此政黨，才有競爭力。

七、生產能量決定在：

1. 組織結構，要經濟合理。

2. 工作效率，是省時、省力和省錢的代言。

八、組織是：

指派一些人員，在工作崗位上，發揮功能，然後加以整合，讓組織運作正常，生產順利，增加營收。

九、企業管理：

1. 對工商業作經濟合理的處理。

2. 所謂「不積壓資金」的購料，減少浪費，以及誠心服務等企業化的觀念，因為觀念是行動的先驅！

十、有計劃的採購：

可以減少物料的投資。

十一、行銷：

要經常研發或尋找新的產品，以便領先成長。

十二、流暢的運輸：

1. 可以增加企業利益。

2. 平均移動物料與產品，可以避免堆積，而節省倉位和人力，節省＝收益，但前者較易，後者較難。

十三、工商業之發達：

與科技和企管之進步，是密不可分。

十四、技術的進步：

是獲利的最有效的方法，技術可分為生產技術和管理技術，兩者是相輔相成。例如：新竹科學園區，高科技的電子公司，就有員工每年紅利上百萬，可見該公司是技術掛帥。

十五、企業的失敗：

皆因其企劃和決策的錯誤，此乃科學管理鐵則「計劃有問題，則執行的越快，則失敗越快，計劃正確，即是執行有偏差，即時修正，還可以挽救失敗。」

十六、自動化：

1. 自動化的機器：如販賣機。

2. 一貫作業：如投票作業：登記→驗身份→發票→投票→離場。

3. 自動控制：機器人。

4. 電腦處理：輸入資料，分析結果，自動輸出。

十七、一個良好的企業管理一定有下列工作績效：

1. 以最小的成本，運作出最大的效果，跑三點半，就是指標。

2. 以較短的生產循環，降低成本，如糖廠設在甘蔗區。

3. 以現有的設備，增加生產量，如7-Eleven 24小時營業。

4. 盡量減少流動資金，以支票付賬。

5. 鼓勵員工之工作士氣，和心情的愉快，以增加工作效率，就像某大高科技的電子公司，員工年終紅利高達200萬，員工一定是快樂的不得了。

　　政府經營企業化，以上都是最精華的「知識經濟」，足夠執政者的參考。

第三章　企業的組織層面

　　企業和政府都是以人為本，以物為用的有機體，可以分三個層面討論。

第一節　策略的層面

　　策略層面（Strategic Level），指總經理到董事長這個層面，直接與社會發生關係，公開與外界活動，為企業策劃經營之道，如果是紅頂商人，還得勤跑總統官邸！但是都要有企業化的理念，才算經營之神的企業家，而不是經營之鬼的奸商！所謂「生意好時，就大發利市，生意不好，就掏空資金」。這個層面功能：

一、目標與價值並重：

　　多元文化的社會，企業的求利，不再是唯一的目標，必須對社會要有正面的價值，所謂工廠不得污染環境，產品不得有損健康，設備不得影響安全。

二、產品要新陳代謝：

　　產品的競爭，產品的改良，新產品的上市，都是社會經濟的動態，策略層隨時掌握社會的動脈，推出新產品，淘汰舊產品，以增加企業的競爭力。就像中文打字機，早就被電腦取而代之，所以中文打字機，早叫被時代淘汰了！

三、調和問題：

　　企業組織永遠面臨著四個基本問題：

1. 適應的問題（Adaptation）：調和社會環境的變化、通貨膨脹、工人短缺、金融風暴，政府新政策，以及消費傾向等，皆是策略層面的責任。

2. 型態的問題（Pattern Maintenance）：企業的組織和設備，都是企業的重要資產，不宜過快改變，以免失衡。但是為了適應所在環境的變化，也不得不作調整，這就要靠該層面人士的拿捏！

3. 達成目標的問題（Goal Achievement）：企業目標在求利，策略人士要不斷的學習與適應（Learning & Adapting），才有能力整合內外助力，達到求利的目標。

4. 整合的問題（Integration）：整合就是加「正數」，減「負數」，策略層人士是居高臨下，要有識別「正數」和「負數」的智慧。如果政治領袖，喜歡加「負數」，減「正數」，其政治生態，就像現在這個德性。

　　政府是最大的服務企業，總統如同董事長，閣揆如同總經理，其經營之道是大同小異。

第二節　管理的層面

　　管理層面（Managerial Level），包含較廣，上至董事長，下至領班，其重點工作，在於協調，因此有稱為協調層面（Coordinative），目的在讓員工勝任愉快，為此要：

一、科學管理循環：

根據企業的策略，製訂可行的企劃，然後分別交有關單位執行和管制。

二、效果與效率並重：

求利是效果，但是不能不擇手段，必須從效率方面著手，效果＋效率＝績效（Performance），此乃管理人員的責任。

三、建立回饋系統：

產品一旦上市，就要注意社會大眾的反應，作為改進的參政，如何得到社會大眾的反應，就要建立回饋系統（Feed Back System），從領班到總經理各級主管，皆是該系統中的義工，隨時反映社會人士及消費者，對企業的批評指教，這樣就像國民黨的口號「永遠與人民站在一起」，還怕企業不會屹立不搖嗎？

回饋系統，在人體中擔任保護的尖兵，例如一個人一旦被狗追，該人回饋系統（神經系統），立刻反應給大腦──跑。可是小孩神經系統尚未發育成熟，所以常被狗咬傷。

政府的情報系統，已經形成網站，但是在八掌溪事件當時，並沒有停電，網站都當機了，尤其是新聞局長，看電視都忘了反應給有關首長，任憑四名工人，死給朝野看。難道回饋系統（神經系統），還像小孩子一樣，沒有發育成熟嗎？

第三節　技術的層面

技術層面（Technical Level），生產是靠技術人員、工具

及設備，將物料運作而成為產品，這個能力，特稱為產能，也就是產能的運作，所以又稱為運作層面（Operating Level）。要有的觀念是：

一、人機配合適當（Man-Machine System）：

人員的技術，與機器的運用，要切實配合，就是技術要成熟，才會將機器發揮出正常的運作，不可以小孩玩大車！

二、不斷學習新科技（Learning New Science and Technical）：

科技日新月異，技術也應當跟著進步，才不會落伍。科學園區的高科技人員，年終獎金就高達200萬，不學習，高科技從何而來？

第四章　表格的設計

　　「表格」是企業管理的「靈魂之窗」，企業的盛衰，看表格資料，就可一覽無遺！尤其是電腦，非表格不足以表現其功能，最簡單的例子，就是預算表，令人看起來，是一目瞭然，因為數字在表格內，才會說話，所以企管人員，必須有設計「表格」的本領，才顯得出來與眾不同，讓別人欣賞到閣下有企管的靈魂之窗！

第一節　設計的原則

一、簡單明瞭：

　　表格的特性，就是化繁為簡，讓人一眼看去，就心知肚明。

二、言簡意賅：

　　表格內的文字是越少越好，不得拖泥帶水。就像常用的公函，很快就知道發文者、收文者、發函日期、主旨、說明及辦法，因為這些資料，皆排列在表格之內，一清二楚。

三、填表方法越簡單，越有價值：

　　目前以「勾」填法，最有價值。就像選總統時的選票，就是小型的表格，只要選舉者用圖戳蓋在某參選者名字的上面格子內，就有神聖的價值。

四、一次搞定（One Writing System），簡稱OW制：

　　1. 一式多聯：如公文登記三聯單。

2. 一式多用：早年公路局長途車車掌小姐，隨車只賣一種票，上面卻分出不同的地點，及不同的價格，就靠她手上的打孔剪指揮。

由此可知，「表格」是科學管理的靈魂之窗，乃是小兵立大功，每個人的身份證，就是最好的見證，也是最高明的設計。每次選舉投票無誤，就是選票上的表格設計簡單明瞭，一看就知道如何圈選。

第二節　內容的順序

「表格」形式各有不同，內容排列順序，卻大同小異。

一、靜態資料：

　　如價目表、課程表，及火車時刻表等，皆屬靜態資料，只要照表行事即可。

二、動態資料：

　　1. 附在靜態資料內者：如籃球比賽的計分表，其中只有計分格內是動態，其他資料屬於靜態。

　　2. 單獨動態資料表：如手錶、油量表、速度表等，只要是在使用中，它就動個不停。

三、管制資料：

　　如車輛中的油量表，最後一段是紅色刻度，就是管制該車輛的油量，指針到此，就得趕快加油，否則拋錨，別怪沒有管制。

四、參考資料：

如手錶面上的日曆，就是參數資料。

設計時，就實際需要的內容，作經濟合理而有順序的排列，就是有靈魂之窗的效果。由此也可凸顯出設計者，不是普通的聰明！表格式樣，後面篇章會有實際用場。

第五章　問題的認識

　　分析起來，人類共同的問題，不外乎：

1. 生命問題：所謂安全、健康及自由等問題。
2. 生活問題：所謂衣食住行育樂等問題。

　　政府只要把這兩大問題擺平，人民都會安居樂業，其他的問題，也就為數有限。就像加拿大，就是最顯明的例證：

1. 沒有鐵窗：表示人民安居樂業。
2. 沒有飢民：表示政府經世濟民。

第一節　何謂問題？

　　正當的問題，必然有兩個現象，作為前提：

(1)應有現象：也就是計劃中的現象。例如經過立法建了四年的核四案。

(2)實際現象：也就是執行中的現象。例如不依法停建核四。

　　若(2)＝(1)，表示沒有問題。

　　　(2)≠(1)，表示有問題。例如停建核四問題鬧得不可收拾，只好復建。

　　因此，問題者乃「實際現象」不符「應有現象」也！即兩者其中之一有偏差也！上例乃實際現象的偏差，所造成的問題。

第二節　何謂偏差？

偏差者，乃不正確的方向也，所謂「差之毫釐，失之千里」。既然有「應有現象」，則「實際現象」的方向，得與前者一致，否則就會產生正當的問題！

不過偏差，不只是在「實際現象」，也可能在「應有現象」。八掌溪事件，就是案例，正確現象：

1. 應有現象：在天候不影響飛安情況之下，兩個救難直升機隊，應爭先救難，不得有誤。

2. 實際現象：因為應有現象，就是政策，如此明確，兩個救難單位，必然爭先出勤！

可惜政策不是這樣訂的，而含混不清，方向錯誤。

1. 應有現象：在標高2,500公尺以上者由甲出勤。

2. 實際現象：結果甲乙都不出勤，因為甲說：「八掌溪在2,500公尺以下，應該乙去」，乙說：「八掌溪距離甲近，應該甲去」。

這就是政策方向的偏差所引發的問題。這也給政務官一個機會教育「方向重於努力」！

第三節　從世紀首航透視問題？

正當的問題，一定有兩個前提：

一、應有現象：

總統是現代化共和國的最高「行政」首長（President is

the highest executive officer of a modern republic），必須要有基本的領導統馭本領，讓：

1. 政府政通人和：孔子早就說過君臣相處之道，所謂「君使臣以禮，臣事君以忠」，如此還不會「政通人和」嗎？

2. 人民安居樂業：孔子也說過，只要天子以仁為本，人民就會安貧樂道，所謂「不仁者，不可以久處約，不可以長處樂。仁者安仁，智者利仁。」台灣在60年代的第一次能源危機時，人民在仁政之下，安貧樂道的渡過！

二、實際現象：

美國總統是世上最神氣的領袖，但是他公私作為，都必須向議會負責，稍有不慎就會被轟，如前總統柯林頓的緋聞，更不敢玩假，否則有司法伺候，如水門案，尼克森總統即刻下台！所以非要政通人和不可，自然人民能夠安居樂業。可惜，台灣總統並非如此，不但三權始終未有獨立，還加上總統有權無責，鬧得朝野雞犬不寧。

1. 政府為何不能政通人和呢？因為孟子早就提醒過「君視臣如草芥，臣視君為寇仇」。張學良說西安事件是被逼出來的，就是這句的潛力！

2. 人民為何不能安居樂業呢？因為孟子早就勤勉國君，所謂「不信仁賢則國空虛，無禮義則上下亂，無政事則財用不足。」還說得正中時弊者，如「不仁而得國者，有之矣，不仁而得天下者，未之有也！」子夏說更為切

題，所謂「小人之過，也必文！」就是因此，逼得阿扁
信心缺缺，而說出「執政機會，就只是這麼一次」，難
怪孟子說「天子不仁，不保四海」。至於陳總統夫人擔
心阿扁下台後，日子怎麼過？孟子也勸勉過國君施行仁
政，預防恥辱於未然！

　　由上兩個前提的比較，阿扁總統的問題，出在「實際現
象」，因為他沒有按「應有現象」實踐，試問「世紀首航」能
解決問題嗎？

第六章　方向與觀念

　　「方向重於努力，觀念重於機器」，是范光陵博士經驗的結晶，對「科學管理」而言，有放電的作用。就以中正機場的新航事件為例，就可看出此句的電力強度。

1. 方向重於努力：

　　(1)應有現象：塔台指示該機員，由A跑道滑行起飛。

　　(2)實際現象：該機員卻誤入正在施工的B跑道，幾部工程車尚在跑道之上，就因為黑夜視線不佳，該機員拼命加油滑行，造成人機具毀，死傷慘重。

　　由於(2)≠(1)而發生空難，此乃「方向重於努力」的血的教訓！

2. 觀念重於機器：

　　(1)應有現象：機員在滑行前，必須確認跑道的觀念，以免誤入岐途。

　　(2)實際現象：飛機運轉情況一切正常，是出航的先決條件，滑行、起飛、飛行及降落等安全，皆有賴機員觀念的正確，因為「觀念是行動的先驅」，而「行動又是掌控飛機之初」，只要專業觀念正確，則操作的行動就無誤，飛機當然就隨遇而安，否則如同此空難慘象，這不是「觀念重於機器」血的教訓嗎？尤其美國911恐怖事件，更為凸顯。

　　以此類比，政府比為飛機，領導者比為機員。

1. 方向重於努力：

  (1)應有現象：「綠色執政，品質保證」，是人民期盼的政治方向，也是一條光明磊落的跑道。

  (2)實際現象：領導者卻努力的，將飛機向有危機重重的跑道滑行，這上面有三三三、八掌溪、四四工時、反核四等巨石。一路滑行過來，自認「跌跌撞撞」，這不是「方向重於努力」嗎？

由於(2)≠(1)造成問題層出不窮，副領導者，不但不以此為戒，反而對新航空難善後處理比以前明快，而沾沾自喜，引起陳女士當頭棒喝「別把喪事當喜事辦！」顯然領導並沒有方向可言，忙進忙出有用嗎？

2. 觀念重於機器：

  (1)應有現象：政府是生產「國泰民安」產品的機器。

  (2)實際現象：領導者的觀念，卻想掌控資源充沛的機器，生產神主牌的產品，如兩國論、通用拼音，以及反核四案等，搞得全國動盪不安，人心惶惶！這難道不是領導觀念的偏差嗎？大法官會議這機器有用嗎？可見觀念重於機器，並非虛言！

企業管理12個關鍵字

企業的競爭力，唯有：

1. 縮減成本——以求價廉。

2. 保持品質——以求物美。

3. 增加效能──供需平衡。

前段12個字，是生產者的原則，後段12個字，是消費者的原則。

　　反射到服務業的政府，管理眾人之事的原則，也是一樣：

1. 節省預算──不浪費錢。

2. 品質保證──大公無私。

3. 效率行政──便民利民。

有此12個字原則的政治人物，都是政治家，否則只能算是政客。人民也可用12個字原則，檢驗在台上的政治人物，則政治家與政客皆無所遁形，以此原則投票，才是神聖的一票。

　　下面物料、生產及行銷三者管理，是企業管理的實務，也是「知識經濟」的基本知識，也是「知識經濟」火車的基本車廂。

第三篇
物料管理

物料管理是「知識經濟」的第二節知識車廂

一般生產事業，物料的資金，佔總成本的60％，製造費用約20～25％，人事費用約10～15％，所以物料管理是節流的重頭戲，可做為「物盡其用」思維模式。

第一章　物料須知

「名不正，則言不順，言不順，則事不成」，如果物料之名都不能正確認實，談物料管理會能順暢嗎？

第一節　何謂物與料乎？

一、物：

專指機器、器材、工具以及零件等物體，管理的要領，在於「保養」，如防鏽、防濕、防塵等工作，以確保其性能。

二、料：

指可用料——在經濟學中，生產不是無中生有，而是靠投入可用料，經過生產線的加工，方可變成產品。因此可用料，常常被「物料」取代。日本更重視，稱之為「資材」，因為它是生產的主角。可用料還要分為：

1. 原料（Raw Material）：產品中配方中需要的可用料，稱為原料，如蛋糕的原料是麵粉、雞蛋和糖。

2. 材料（Supplies）：五金材料、包裝材料，以及建築材料。

3. 燃料（Fuel）：汽油、瓦斯及煤炭等。

第二節　名稱一致

物料在生產事業，是保持運動的狀態。從採購→儲倉→生

產→出貨，如果同一項原料，有兩個名稱，容易產生不必要的誤解。例如氫氧化鈉（NaOH），可以稱為苛性鈉，也可以稱為燒鹼。因此就曾經產生過牛頭不對馬嘴的烏龍事件，生產單位要領苛性鈉，倉庫只有有燒鹼，而申請採購苛性鈉，等到新品進倉後，管理員才發現燒鹼＝苛性鈉，幸好沒有被存量管制單位發現。可見名稱不一，是管理的困擾，民國四十年左右，國軍大陸撤退到台灣不久，一心就是整軍經武，國防部在三軍官兵名冊上，凡發現有兩人同姓名者，一律強制低階者改名，以免人名重複，干擾軍事管理作業。

第三節　規格標明

物料種類繁多，光靠名稱辨別，還是不夠正確，一定要標明規格（Specification），如尺寸、重量、馬力、電壓及成分等，如果沒有標明規格，採購人員無從著手，即便買汽油，也有無鉛與有鉛之分，況且還有60號與90號之分呢？

所以規格有鎖定物料的確定性，免得買錯物料，而不合用，既浪費金錢，又浪費時間，因此規格與名稱，是物料的身份證，兩者不可缺其一。

第四節　分類編號

物料何其多，管理先分類，因為科學始於分類。最好的分類就是ABC分析法，將所需要物料名稱，接其單價或總價，從大排到小，可以分出ABC三類以表示其價值不同，然後再個別

按(1)原料，(2)材料及(3)燃料三種分類。最後在每一項物料，被分類確定後，再給予編號，其目的在方便管理。以當兵為例，役男入伍之後，先被連排班分類，確定分類之後，接著就被班長給一個編號，從此就可過軍中生活了，成為正式的軍人！

一、分類要簡單：

　　如軍、旅、團、營、連、排及班，簡單明瞭。物料可分類為：1.原料，2.材料，3.燃料。

二、編號易記：

　　電腦的顯示器（Monitor），有9"、10"、12"、14"、15"17"、及19"等不同尺寸，其編號以M-9、M-10、M-12、M-14、M-15、M-17，及M-19最好記憶，以此簡例作為見微知著編號的思維。

　　分類便於科學管理，編號便於調度與查料，因為一個大的生產事業，物料項目上千項，不預先分類編號，日後要找某些的物料，可能要翻箱倒櫃，勞師動眾，違反科學管理的精神——省時和省力，以及省錢。

　　四○年代，越南副總理阮高祺，原為空軍飛行軍官，有一次來台訪問，順便在台中機場，駕駛我空軍F-16戰機，以顯示他年輕有為，他飛行之後，便參觀修護棚場，無意之中撿到一個螺絲，趁機想測驗補給人員的管理材料的效率，就憑這個螺絲到庫房，領取新品。補給士官拿起舊螺絲，仔細一瞧，反身就進庫內拿出新品，速度之快，令這位客人咋舌！並豎起拇指說：「Very good！」，何以這麼快就可拿到所要的材料呢？並

不是該士官有通天的本領，而是該螺絲上有「料號」，憑此對號入座，當然易如反掌。

「各有一把號，各吹各的調」，乃大眾諷刺新內閣的共識。但是這句話，用在物料分類編號，卻恰到好處的讚美！所謂「各有一個號，各吹各的調，只要查到號，它就跑不掉！」

第五節　作業流程

作業流程就等於一貫作業的順序，也如同生產線，就是順勢操作，一氣呵成。物料管理的流程：

一、存量管制：

此乃物料管理的第一階段，自接到生產管理單位的「用料預算」表，就要拿出存量管理表或電腦報表，逐項核對，並計算出請購量：

請購量＝預算量－庫存量

然後製作請購量表，送採購單位接辦。

二、採購管理：

按請購表，向外界採購，直到交貨為止。

三、運輸管理：

物料與成品，都在靠運輸作業適時運輸，管理不善，影響生產或行銷。

四、倉儲管理：

倉庫中的物料，乃產品的原料，寶貴的不得了，管理不善，等於錢往水裡丟！

　　由上可知，物料管理的作業程序，多麼科學，段落分明，責任清楚，此乃科學管理之理念也！理念是行動的先驅，理念科學，則行動就會科學，行動科學，就事半功倍，事半功倍，就可以「節流」，節流就是開源的前奏！停建核四到復建，剛好相反，所謂「物的管理不科學，行動不科學，前功盡棄，浪費公帑34億的賠款」！

第二章　存量管制

　　存量為何要管制，因為庫存的物料，比錢還重要，因為倉庫存的是鈔票，也不會變成產品，何況產品賺的錢，一定比鈔票放在銀行利息高，所以存量一定要嚴加管制，不得存量太多，也不得存量太少，只要能夠配合生產的需要，而無停工待料之虞，又不積壓老闆的資金，就是管制高手。

第一節　ABC分析

　　存量既然要嚴格管制，則就得將全部物料分個輕重緩急，所以先將物料項目，按ABC分門別類，並且列表公開。

分類	序號	料號	名稱	單位	單價	年用量	總價	備註
A	1 ⋮ 10							
B	11 ⋮ 20							
C	21 ⋮ 100							

　　A類——價值最高，嚴加管制

　　B類——值值中等，適中管制

　　C類——價值較低，輕鬆管制

　　孔子曰：「物有本末，事有始終，知所先後，則近道

矣！」就是物料管理的精神，若改為「物有輕重，事有緩急，知所輕重緩急，則近科學之道矣！」令人就容易明白了！

第二節　管制標準

別忘記，科學管理的對象——是「數」。

一、最低存量（Minimum Inventory）：

以一年為生產週期，任何一項物料，除保存一年量之外，多準備若干量，以備不時之需。也就是說生意成長很快，怕年用量不夠，而多準備若干應急，故又稱為安全存量（Safety Stock）。那麼安全存量，究竟是多少，才安全呢？則有公式可算：

S＝A×T

S＝Safety（安全量）

A＝Average（每日平均用量）

T＝Lead Time（購運時間）

註：購運時間＝訂貨時間＋交貨時間＋進貨時間

假設：某電腦公司，庫存影像管的安全庫存量，要看：

(1)每日平均用量，若為1,000個

(2)購運時間，差為10天

則S＝A×T＝(1)×(2)＝10,000個

其道理很科學，就是等到年用量用完前十天，開始購一年用料量，在新的物料到達時，剛好舊料用完，安全存量是備而不用。

由此類推，若此影像管的購運時間是五天，

則S=1,000×5＝5,000個

若購運時間是三天，

則S=1,000×3＝3,000個

若購運時間是零，即隨叫隨到，則不必有安全存量。

二、最高存量（Maximum Inventory）：

最高存量＝全年用量＋安全存量

這就是管制存量的上限，如果越過上線，不但是積壓資金，而且多佔倉位，所以要加管制。

三、請購點（Order Point）：

生產不斷在出貨，庫存量的物料，也就不斷的在減少，當某物料存量，下降到一定的程度，就要開始辦理購料作業，這個程度的點，就稱之為請購點。此點的設定，是根據該項物料的「購用時間」，所推算出來的定位。以圖示易懂。

舉例：某生產電腦公司，每日平均生產1,000台電腦，年產量為36萬台，則需要進口影像管：

(1)年用量36萬台，每日平均用量1,000台

(2)購運時天為一個月

(3)安全存量＝1,000×30=30,000台

(4)最高存量＝年用量＋安全量＝36萬台＋3萬台＝39萬台

(5)請購點＝12個月－1個月＝11個月

即每年11月底，就該辦理請購作業。

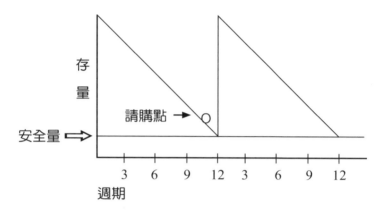

請購點，只要電腦軟體上設定好，則物料管制月報表，自動表示出請購點。

四、請購量：

1. 定期請購（Fixed Period Ordering System）：有些物料是有季節性，所以要定時請購，但是數量不定。

   請購量＝最高存量－庫存量

2. 定量請購（Fixed Quantity Ordering System）：價格低廉的物料，為了節省購運成本，一次請購一年量，但時間也要適當。

3. 複倉制（Two-Bin System）：如庫存兩大箱鐵釘，用完其中一箱，才開始請購另一箱，不必管制！

以上只是物料管制標準方向之一，足以參考，因為善用電腦功能，會有更方便的方法，但是方向一致，就是省、省力、省時，否則也談不上管制。

第三節　存量管制牌

製作一個大型的存量管制表（牌），讓管制者一目瞭然。

靜態資料				動態資料					管制資料			參考資料			
料號	名稱	單位	每月平均量	上月結存	本月收料	本月用量	本月結存	可用月數	安全存量	請購點	最高存量	在途量	請購日期	請購量	到貨日期

因為表格是科學管理的靈魂之窗，所以儘量善加利用，尤其電腦是製表利器，運用得當，如虎添翼，否則充其量，電腦也不過是高級計算機而已。

第四節　物料卡片

品名：影像管　料號○○○　單位：個

日期	昨日結存	本日撥出	本日結存	收料單位

　　每物一卡片，個別流水帳，集中在卡片櫃，隨時登錄物料動態，保持該項物料，清清楚楚，如果用電腦，格外方便，只要按料號，就可調出該項物料檔案，真是神速無比。就連台北的洗衣店，早就作業電腦化，用不著給客人開洗衣收據，只要將顧客的電話號碼、衣服種類及數量，一一輸入電腦，並且輸入交貨日期，面告顧客，則洗衣手續一次OK，只要顧客按期前去報出電話號碼，老闆娘即可從電腦叫出檔案，付錢取件即可，這不是科學管理的精神嗎？省時省力，否則握有洗衣收據，萬一找不到，那麻煩可大呢！

第五節　調撥單

填單日期　　　　　　　　　　　　　　　　　　　　編號

名　稱	料　號	單　位	數　量	收料單位	備　註

　　此表一式三份，領料者一份，發物料者一份，自存一份，但是在電腦化作業，效率之高令人咋舌，就像榮總醫師用電腦開藥單，一面印出，一面就由連線傳到藥局，只要病人憑單領

藥即可，連老榮民也享受到科學管理的新時代，這不是政府敬老德政嗎？

第六節　請購單

填單日期　　　　　　　　　　　　　　　　　　編號

料號	名稱	單位	數量	到貨限期	備註

　此表一式兩份，一份用採購管理單位，一份自存，這些文書作業，現在大都交給電腦處理，但是作業的觀念還是在人腦裡，所以物料管理的常識，是現代人士「知識經濟」必修的課題！

第三章　採購管理

當接到存量管制單位的請購單，就是作業的開始。

第一節　訪價

採購者按請購單之物料名稱、規格、數量及到貨日期，造訪市場，訪出適當品質，適時的交貨，適當的價格。

一、適時（Right Delivery）：

可用料還得如期交貨，否則遠水救不了近火。

二、適價（Right Price）要用Value Analysis：

$$VA = \frac{Quality}{Cost} = \frac{品質}{價格}$$

(1)品質＞價格，則便宜（Good price）

(2)品質＝價格，則公平（Fair price）

(3)品質＜價格，則昂貴（Poor price）

採購者能訪出(1)最好、(2)公平、(3)昂貴。

選購時，有(1)選(1)，無(1)選(2)，無(1)和(2)則為了生產，只好暫時用(3)。

第二節　採購方法

一、零星採購（Hand–to–Mouth Buying）：

此乃大眾消費的習慣，現需現買，如買菜、叫貨，皆是銀貨兩訖，非常簡便，所以對中小企業最為有利。就連大企

業也逐漸採用，事先分別與供應商訂約，分批交貨，貨到付款，既不積壓資金，也不必用大型倉位，更可節省一筆倉管人事費用，真是一舉數得。

二、預先採購（Forward Buying）：

按物料管制的請購點，作有計劃的採購（Scheduled Purchasing），一般多用在國外購物時，以國際統一的「三用標單」，作買賣雙方憑證。

第三節　催料管理

此乃針對預先採購而言，料已定了，約也簽了，如果對方不能按時交貨，對生產線有莫大的威脅，一旦停工待料，則該企業損失不小，所以採購者，不可掉以輕心，必須在電腦檔案上，加註兩次以上的催料日期，並且必須按時催料，即查明備料的進度。雖然合約上加註有「延遲交貨時間，每隔一天罰1/1000貸款金額」但是還是要按時催料，直到交貨為止，否則是遠水救不了近火！就像電視上一則廣告，老板大聲連問「貨到了沒有？」催料者急得人仰馬翻！原來是美國航空貨運快遞公司的廣告——絕對按時交貨。

第四章 倉儲管理

新購物料進倉前，必須經過驗收，合格者進倉對號入座，不合格者退貨。

第一節 倉儲的觀念

觀念是行動的先驅，好的觀念才有好的行動。

一、倉庫不是儲藏室：

倉庫是把從外界買來的物料，送達生產線的轉運點，其性質與旅館一樣，要付倉租的，停留的越短，對企業越有利。

二、倉存物料是個寶：

物料經過加工生產之後，就變成產品，產品就成了企業的財富，如果沒有倉庫的可用料，企業的財富從何而來，誰敢輕視庫存的物料呢？

第二節 管理方法

物料進倉，如同旅館之客，服務一定要周到。

一、保護品質：

物料來之不易，必須按其特性，加以保護、防潮、防蟲、防火、防水、防光等等，皆要各按所需，不得怠慢。否則等於錢往河裡丟！

二、安全第一：

小心火燭、預防地震、防止宵小、倉庫重地，閒人免進等
等都是為了安全。

三、有效利用空間：

倉租乃按坪數算錢，所以只有利用空間，才是利多。就像
7-Eleven店，付同樣的租金，卻可以作24小時的生意，在
有效利用時間，兩者是異曲同工。

四、搬運工具恰當：

用汽油的堆高機，不得在易燃物料的倉庫進出，以免火花
四射，引起火災，只能用電瓶式的堆高機。

五、文書工作少，物料照顧好，經常去保養，每物皆是寶！

第三節　對號入座

空倉庫在物料未進倉之前，早就按ABC分析法分類，分
配位置，並加以編號，就像電影院一樣，座位早就有編號，只
等來者對號入座，因為科學始於分類，所以對號入座，是倉儲
管理的開始，好的開始，就是成功的一半。

一、作用：

官場文化中有一句話「不在其位，不謀其政」，剛好在此
也很適用，所謂「沒有定位，再找就累」。

二、原則：

倉庫內定位是手段，物暢其流是目的，所以通道要夠用，
便於進出。

三、利用空間：

倉租是按面積算錢，空間不用白不用，所以鋼架乃是利用空間的工具。

第四節　展望

倉庫是生產事業供應物料的大本營，也是佔用資金最大之金屋藏料。由此研究改進而「節流」，才是重點。

一、電鈕倉庫：

倉庫設計一套鋼架，用輸送帶相連，一直通到門口，再配上電腦，即可電鈕作業。就像販賣機一樣，只要丟進硬幣（打開電流開關），再按所需要的食品或飲料之鈕，則自動送到手中。在人工費用昂貴的美國，早已實現。同時台灣的立體停車場，就是電鈕倉庫。

二、不設倉庫：

一次訂約，分期交料，料到直接送往生產單位，安排上生產線，如此一貫作業，何需倉庫乎？想當年台灣在農業轉型到工業時代期間，勞工低廉，洋人就在台灣設立電子產品加工廠，一切電子零件，皆有國人所開設的小型電子廠製造供應，所以當時小型電子工廠到處林立，吸引了大批男女勞工，而形成了勞力密集工業時代的來臨。當年這些電子工廠，在洋人的工廠而言，卻是一個不設倉庫的好主意。

三、移動倉庫：

1.飲料公司，將生產線的飲料成品，直接上車，分送各零

售店，不必在各區設立倉庫轉運，此車即為移動倉庫。就像移動圖書館的功能一樣。

2. 在倉庫的料架，皆裝上輪子，隨時可以移動，就像現代化的病床，有輪子的設備，進出開刀房，不必換床。

第五節　收料

收料作業：

一、驗收：

為物料品質與數量把關，免得魚目混珠。

二、建卡：

容易表示料帳相符，進出有據，乃科學管理化，順理成章。常言道「一步一腳印」，表示腳踏實地，表格就是一表一腳印，一清二楚。

三、對號入座：

就像電影院待顧客憑票號入座，物料進倉，乃憑料號入位。

第六節　發料

收料是手段，發料是目的。

一、主動發料：

通常將生產單位一週所需之物料，一次發足，免得雙方麻煩，並且有下列優點：

1. 備料時間充裕：可以慢工出細活，料全量足，乃產品品

質保證的前奏。

2. 用料認真：既不宜多，也不宜少，更不容易浪費物料，否則短少，難以自圓其說。

3. 便於料與帳的處理：整批交易，要比零星交易，好處理。

二、被動發料：

此乃經常現象，生產線隨時需要，隨時發料，倉庫人員24小時待命，就像大醫院的藥房，24小時不打烊！

第七節　呆料

某物料在倉庫內，停滯時間過長，就稱之為呆料，如果因產品配方改變，而使倉庫中的物料停用，更為呆料。

一、預防：

1. 安全存量降低，減少呆料的機會。

2. 物料名稱統一，免得一物兩存，製造呆料的機會。

3. 驗收要嚴，免得魚目混珠，一進倉就是呆料。

二、處理：

1. 設計新產品，消化呆料。

2. 廉價賣給供應商，由他找銷路。

3. 贈送，以便及早騰出倉位。

第八節　廢料

廢料與廢物，大不相同，前者多多少少還值一點錢，後者

是一文不值。廢料乃指(1)木屑、(2)鐵屑及裁減後的下腳，以及變霉或變味的物料，還有報廢的機器及設備等，對了，還有報廢的大船，給我們帶莫大的光榮──拆船王國！

一、預防：

　　1. 存量少，變霉的機會就少。

　　2. 先進先出，新存舊出。

　　3. 用心裁剪鐵料，減少下腳。

二、處理：

　　1. 變賣：廉價出售，免佔倉位。

　　2. 贈送：賣不掉就送，免佔倉位，因為倉租很貴！

　　3. 銷毀：有毒的廢物要銷毀，以免污染。

第九節　週轉率

　　既然非用倉庫不可，就要考究其經濟效益，最好善用週轉率，下圖一目瞭如指掌，按自己的條件，善用週轉率，究竟週轉幾次，對自己最有利！

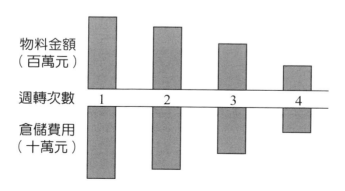

第五章　運輸管理

　　台灣的物料，多來自海外，而產品也多外銷，所以運輸是全程參與，而且運輸費用約佔產品成本20～30％，所以也要好好管理，如何節省運費，以利節流。為了管理的方便，以倉庫為分界線，物料進倉之前，為外界運輸，進倉之後，再轉到生產線，兩者之間，為內部運輸。

第一節　海洋運輸

　　由於海運價廉，所以航運業務發達，因此一般常識，也不宜留白：

一、運輸方式（To Be Shipped By）：

　　1. 定期航運（Liner Service）：海洋雖然大，班輪照樣有，航線何其多，按時送到家，對小宗物料或成品有利。

　　2. 不定期航運（Tramp Service）：有貨就攬，裝滿開航，收費低廉，運輸頻繁。是大宗物料或貨品的最愛。

　　3. 專用船（To Be Shipped By Self）：如石油公司的油輪、中鋼公司的礦沙船。

　　4. 貨櫃船（Container Vessel）：貨櫃更為方便，可以「Door To Door」。

二、運費計算：

　　1. Ex Factory：貨品以出廠的價格計算，貨品的價格不含

任何運費在內，即廠價。

2. FOB（Fee On Board）：在賣方港口船上交貨價格，自己有船，或租到廉價船隻，比較有利。

3. FAS（Fee Alongside Ship）：在賣方港口船邊交貨價格，自己有船而有吊桿設備者有利。

4. C&F（Cost & Freight）：在買方港口碼頭上交貨價格，自己沒有船者有利。

5. CIF（Cost, Insurance & Freight）：包含運費及保險費的價格，對買者更省事，只要在台灣港口提貨即可。

以上五種計價，都是羊毛出在羊身上，至於羊毛拔多或拔少，全憑總經理的智慧，非作VA工作不可！

第二節　陸地運輸

台灣內陸運輸，就靠鐵路和公路，由於本島是地少人多，山多平地少，公路四通八達，鐵路不長，因此陸地運輸，以公路為主，鐵路為輔。

尤其貨櫃，幾乎是由公路包辦，因為從碼頭船上直接吊上車，經高速公路直奔目的地，真是便捷無比。聽說中小企業老板，為了趕時間，竟然親自坐在司機旁邊，手上拿著一疊百元鈔票，只要司機每超過一部車，就給他一百元現鈔，司機為了鈔票，就拼命的超車，險象環生，在所不惜！

第三節　空中運輸

　　空運費用，論公斤計算，貴得不得了！如果不是高價位貨品，千萬不可嘗試，因為運費佔貨價的比例太高！划不來！當然為了趕時間例外。

　　由於近些年，高價值產品，越來越多，搭飛機的機率，也越來越高，就連鰻魚也軋上一腳，台灣鰻魚銷往日本，還非坐飛機不可。由於高價值產品，講求時效，所謂「時間就是金錢」，因此，空運價高也不在乎！因此，每家國際航空公司，都有一定比例的貨機。尤其是快遞公司，有專用貨機，每日在空中定時穿梭。表示世界經濟又要起飛，台灣經濟表現，也不落後，因為空中運輸忙得不可開交，本島上空，聽說有時候還會塞機！

第四節　內部運輸

　　物料由倉庫出發→生產線→成品→出貨，這個階段，屬於內部運輸，更要小心翼翼，因為當物料搬上生產線，即將成貨品，貨品上市，即將成為本與利的金額，老板發財，就在此一舉，豈可不慎重其事乎？

一、搬運機械化：

　　物料的運動，不是移動，就是堆高，所以叉舉車（Fork Truck），乃最佳幫手，十個人搬不動的物品，在叉舉車而言，是輕而易舉，就連手推車，也比人強。

二、利用輸送帶：

短距離的經常運輸，用輸送帶最有利。即便長距離的經常運輸，用纜車也划算。

三、安全第一：

因為搬運最容易出狀況，一不小心，就會有事故發生，所以「安全第一，人人有責」。

四、板台（pallet）：

板台是木製的特殊墊板，專門配合叉舉車所用，兩者是最佳拍檔，給內部搬運帶來莫大的方便，真是典型的「小兵立大功」。不過，板台從Pallet的譯音，似乎不夠傳神，最好譯成「停板」比較切題，因為重點在物料整齊停放在該板之上，讓叉舉車任意搬動，尤其是其成本很低，真是物美價廉，也是搬運工具的最佳傑作。

本篇的觀念

觀念是行動的先驅，不但要宏觀，而且必須務實。

一、宏觀：

物料管理的精神，就是「物盡其用」及「貨暢其流」，其要領：(1)適質、(2)適量、(3)適時、(4)適價。

二、務實：

1. 存量管制——目的不是在求「適量」嗎？

存量不得過多，以免積壓資金，但也不宜過少，以免停工待料。政府物資的管理，也不例外！

2. 採購管理——目的不是在求「適質」與「適價」嗎？

產品品質，要從物料適質開始。降低成本，要從物料適價開始。政府採購物資，也不例外！

3. 倉儲管理——目的不過在求「適質」嗎？

保持物料品質，是倉儲管理人員最大的責任，否則變質，不堪使用，乃一大損失。政府倉儲物資，也不例外！

4. 運輸管理——目的不是在求「適時」嗎？

如果物料不能「適時」運達，等於遠水救不了近火！政府不停的在發展交通，就是在解決交通擁擠，讓大家都能「適時」到達！高速鐵路的興建，目的也在於此！

透過物料管理的實務，必可增加物盡其用，貨暢其流及地盡其利的思維。有此頭腦者，無論從商或從政，才有管理資源的實力。否則就像921震災及土石流災，很多災民無屋可住，卻全省大廈賣不掉的空屋十幾萬戶，前者如同食不果腹，後者如同暴殄天物，政府顯然沒有物資管理的常識！連百億捐款都管理不善，解決不了災民住的問題。陳定南當立委時，還呼籲「災民無屋住，空屋賣不掉，此時正是消化空屋時機」，如今他執政了，卻不承諾前言！讓災民有增無減，對得起災民嗎？

第四篇
生產管理

生產管理是「知識經濟」第三節知識車廂

人類最大的一件事，莫過於生產，因為人類消費能力越來越強，台灣在七〇年代，房地產高漲階段，額外的吃喝，一年要吃掉兩條高速公路！不生產行嗎？透過本篇的實務，可以增加生產效應的思維。

第一章　生產現象

在未談到管理之前，看看生產的現象。

第一節　生產要素

生產三要素：

一、人力：勞力、技術及知識等。

二、物力：土地、設備、資金、物料及機器等。

三、動力：能源。

將這三種要素，經濟有效的結合，就可以轉變為產品或服務，可用公式代言：

生產＝投入＋轉變＝產出

例如：

投入	轉變	產出	例如
物料	加工	貨品	美酒與咖啡
勞力	做工	成果	工人建大廈
知識	講課	解惑	教師
專業	工作	績效	公務員、醫師
技術	表現	勞務	美容師
藝術	表演	娛樂	歌星、演員
存款	銀行	利息	存款、投資
修行	出家	普渡眾生	慈濟、星雲
總統	治國	國泰民安	民主先生、台灣之子

第二節　生產的形態

此處僅指生產業而言：

一、訂貨生產（Production For Order）：

如中船公司，非要接到客戶的訂單，才開始生產，所以又稱：為銷售而生產（We made what we sell）。

二、存貨生產（Production For Stock）：

如中鋼公司，一年365天，不停的生產鋼料，擺在倉庫內，待價而沽。所以又稱：為生產而銷售（We sell what we make）。

就是這句「We sell what we make」，讓開館子的洋人，激盪出一個新點子，叫做「All You Can Eat」，就是「儘飽吃」，就憑這一個小點子，給世界帶來了無限的商機，因為世界各地都有這種餐廳，而且只要口味好，生意絕對興隆，因為人對便宜的事，是趨之若鶩！但是華人很少注意洋人創意，因為原文是「All you can eat what you take」，並且還強調「All you take what you eat」，中文的意思「你所挑的食物，夠你吃就好」，更強調「吃多少，拿多少」，這才能吃出健康，和吃出風度！否則，吃一半，丟一半，是暴殄天物！

第二章　生產計劃

不論是訂貨生產，或者存貨生產，都得先有企劃，例如：產品的種類、數量、價格、成本、物料及生產週期等，都要一一安排在計劃書內，並且要有預算表。不要忘記，計劃是科學管理的開始，其重要性是成功的一半。

第一節　計劃目的

生產計劃的目的：

一、滿足客戶：

不論是品質、價格、數量及交貨時間，皆要讓客戶滿意，否則，生產無效！

二、成本壓低：

任何新產品，只要上市暢銷，即刻就有類似多樣產品上市搶市場大餅，此時誰的成本低，誰就有競爭力！

第二節　計劃內容

生產計劃的內容，要一清二楚，法國工業家費堯（Fayal）說「計劃是各項預測的整合」。

一、決定產品：

看準市場的需要，決定生產何種產品，如台灣的行動電話手機，小巧玲瓏，大陸的生力麵，銷路廣泛。

二、決定品質：

品質以適合大眾行情的品質，就是在大眾價格之下的品質，既好賣也有利可圖，這個品質就是適質。

三、決定數量：

根據行銷計劃，決定產品的數量。

四、決定價格：

價格要有彈性，隨著市場供需定律，決定售價。當需＞供，則價值調高，當供＞需，則價格調低。就像七〇年代，房屋是需＞供，則房價是一路狂飆，八〇年代，房屋是供＞需，則房價是一路下滑。

第三章　生產管制

生產管制（Production Control），乃第二次世界大戰之後的產物，也可以說是一種發明。因為早期的工廠，不論是製造、估料、領料、運料、請料、估工以及品管，都是工廠裡的人員一手包辦，顯得工廠一片雜亂，跟菜市場差不多。當然是效益不彰，因此才出現了生產管制和品質管制，自然產生了分工合作的效益。因為生產管制是照生產計劃：

一、安排生產線（Production Line）：

　　大型生產事業，皆有不同的生產線，如何安排得宜，乃生產管制人員的專業。

二、安排生產進度（Schedule）：

　　根據生產計劃的月產量，安排每日生產進度表，便於生產線運作，至於淡季，要安排生產量少，旺季生產量多，都得加以控制，加班與否，也是管制之一。

三、下達工作令（Dispatching）：

　　一切就緒，就正式開發工單，給生產線主管，命令他按生產進度（Schedule）開工大吉，因為這是工作命令（Work Order），不得有誤！此發工單一式多份，一份工廠，準備開工，一份送存量管制備料，一份送會計部門計算成本。

四、進度追蹤（Follow-up）：

　　發工單送達生產線之後，就要掌握生產的進度，以便配合

行銷計劃，所以要適時的追蹤生產進度，快慢得宜。因為太快，存貨太多，佔倉位，增加倉租，太慢產量少，又會影響行銷之不足，而失去商機，少賺錢，所以生產，既然要管制，又必須追蹤，否則管制如同虛設！

第四章　品質管制

　　「品質第一」、「品質保證」乃最常見的商業廣告，因為品質對現代小康社會，越來越被重視，也就是說寧願貴一點，也要品質好。尤其是外銷品，一旦品質不良，全部退貨，小企業說不定就此關門大吉。因此管制品質，是今日生產業和服務業的重點，幾乎是品質掛帥，尤其是有關品管的名著，本本精闢，皆有洗腦的功能。因為人類問題的焦點，就是這兩個字——品質（Quality），大則如宇宙的臭氧層破洞，小則如個人吃出健康，就在這大小之間，隱藏著無限的品質問題，早就形成了基本面，但是要從技術面談起，方可見微知著。

第一節　產品的品管

　　「產品」，才是企業投資者真正的招財貓，但是要在消費者滿意，與投資者有利可圖，這兩個條件之下，貓才會張牙舞爪。其關鍵就是品質管制，因為在企劃書中，品質已經定位，只是怕製造過程中，人為的疏忽，使得產品品質不穩，而遭到消費者埋怨（Complain），影響銷路，並影響盈餘！所以產品的品質，非嚴格管制不可！其方法：

一、在生產過程中，分段檢驗：

　　就像啤酒生產線：

　　　　（1）　　　　　（2）　　　　　（3）
　　舊瓶→洗瓶→烘乾→灌酒→壓蓋→裝箱

(1)檢查空瓶有無瑕疵，有者一律剔除。

(2)烘乾之後，是否清潔，答案是「NO」，則趁早剔除。

(3)產品雖然成形，還得檢查，否則蟑螂躲在酒中，就要一瓶賠一打！

二、試驗：

如果買到來路不明的酒，不妨送到公賣局酒類試驗所，免費檢驗。

三、抽樣檢驗：

如進口10,000箱蘋果，預先約定好，抽樣0.5％，即50箱，這50箱的抽樣，只要有80％以上合格，即40箱合格，則簽收交貨。若抽樣50箱中，合格率低於80％～60％，則再從9,950箱中抽樣0.1％，即9箱，再拆箱看，若仍然低於60％，即5箱不合格，則對不起，全部退貨。

抽樣檢驗，對大宗物品，非常方便而有效，一直廣受歡迎。這就是初中所學的或然率，也正是科學管理的對象──是「數」的最好證明。

第二節　品管的思維

品管的思維，在於價值分析（Value Analysis），品質的標準，以適質（Right Quality）為準。

$$Value = \frac{Right\ Quality}{Reasonable\ Cost} = \frac{適質}{合理價格}$$

同樣的產品：

(1)對生產者而言，$Value = \dfrac{Right\ Quality}{Reasonable\ Cost} = 1$

是生產價值的底線，當然大於一更好，唯不可小於一。

(2)對消費者而言，$Value = \dfrac{Satisfaction}{Reasonable\ Cost} = 1$

是消費價值的底線，當然大於一更好，唯不可小於一。

(1)+(2)=雙方滿意，才有交易的價值，品管的責任，就是大家滿意，記住品管是在求大家滿意，有此思維，所有有關人的問題，皆可迎刃而解！這麼多年，人民對國民黨執政，都不滿意，就是品質太差！被「綠色執政，品質保證」的思想，而拉下台！可見孫中山先生說的對：「思想就是一種力量」。

第三節　業務品質

「產品」為何還要這麼麻煩，來一道品質管制呢？就是人的關係，佛教說：「世態無常」，人本來就在無常的社會中生活，怎能要求品質的常態呢？不管制行嗎？不從業務品質先管制行嗎？

一、設計部門：

計劃是科學管理之始，若開始設計品質不適當，而結果失敗，那就自認倒楣！

1. 目標明確：公司產品的經營，目標是採高價位呢？或是中價位呢？亦或者低價位呢？然後才確定出產品的適當品質，以及合理的利潤。就像大同公司，經營產品的

目標是「創造利潤，分享顧客」，因此產品以中價位設計出適當的品質，再加上「一通電話，服務就到」的促銷，造成了大同產品，紅過半邊天！

2. 不斷改進：由於人類的慾望無窮，所以產品不斷在翻新，如果大同公司還生產老掉牙的黑白電視機，早就關門了！

二、採購部門：

1. 合乎規格：合乎規格，就是適質，只有材料與物料均適質，則產品才有適當的品質。在適質條件之下，替公司去找「價廉物美」的購料，不得因拿回扣，而提高單價，或濫竽充數。

2. 擇優交易：社會上正派經營的廠商比比皆是，為何非要透過立委交易不可！

三、行銷部門：

1. 貨暢其流：由於產品在市場有淡旺的期別，調節貨暢其流的速度，才是行銷高手。

2. 掌握商機：商機難得，稍縱即逝王永慶先生，當年靠尹仲容部長指點商機，而一路發到現在和未來！台灣中小企業的老板，更是後起之秀，當年只要洋客戶，一下飛機，老板帶著老婆一起接機，安排一切接待，全程緊迫盯人，直到簽約為止。

四、財務部門：

1. 經濟效益：動用任何資金，都要作價值分析，否則，就

是胡作非為！

$$VA = \frac{經濟效益}{投資}$$

經濟效益＝經濟的效率＋經濟的利益

以建高鐵為例：殷琪女士說「(1)空中交通飽和、(2)地面交通擁擠、(3)台灣南北各都市區發展很快，遲早要彼此相連，高鐵只不過是一條市區之間的捷運而已！」未來經濟效益之大，也就可想而知！

2. 反映成本：早晚行情不一樣，高高低低像波浪，反映成本要隨波盪漾，免得虧損莫宰羊！中油公司學乖了，近些年才按反映成本，隨時調漲或調降。此又證明科學管理的對象——數。

五、物料管理部門：

1. 適質：驗收物料要負責，不聽關說不缺德，保證品質為優先，把關物料不合格。

2. 適量：存量之所以要管制，就是要適量，多者積壓資金，少者又有停工待料之虞。「數」是科學管理的對象，絕非虛言！

六、生產管理部門：

1. 生產有效率：按時出貨。

2. 品質有保證：按適質標準交貨。

3. 成本有降低：爭取競爭力。

第四節　人員合格

人既然是企業的主宰，怎麼能說產品品質不良和業務品質不佳，與人無關呢？這些不都是人在那裡工作嗎？主宰嗎？一切品質不良，應該皆出自心不在焉、技術不良，或能力的不適！所以人的品質，先要合格，才是正本清源。

一、品行合格（Character Qualified）：

任何企業公司招聘人員，首先要做安全檢查，品德有無瑕疵？如果有的話，就算能力再強，恐怕也難合格。這裡所提的瑕疵，不是缺點，而是污點。

二、能力合格（Ability Qualified）：

企業是很多專業的組合，如沒有適當的專長，究竟對企業公司有何用途？除非是家族企業，外行領導內行，根本談不上能力問題，如此能經得起時代考驗嗎？

第五節　品管圈

品管圈（Quality Control Circle），起源於德國，所以德國任何產品，真是做到了「品質保證」，尤其是西藥，世界幾乎是它的天下，賓士（BENZ）牌汽車，是歷久不衰，蔡斯墨鏡，誰帶誰帥！為什麼台灣還仿冒不出來？

品管圈的內涵，是嫌光靠個人品質優良，還不夠完善，仍然怕有漏網之魚，所以將有品味（質）的人，組織成一個圈，將有關擬提供品質檢討的項目，擺在中間，十目所視，十手所

指，看他往哪裡逃。品管圈多由企業內部各部門的有品管概念權威人士的組合，多由品管主管擔任圈長，適時召集開圓桌會議，共商對策！

一、分析不良後果：

Pareto不良分析圖

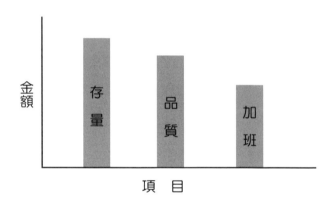

生產事業長期的病，經過ABC分析如圖，則先從「存量太多」著手先入品管圈。

二、腦力激盪（Brain Storming）：

腦震盪是非常嚴重的病態，搞不好會變成植物人。腦力激盪卻能使病情改觀，此病乃企業發現不良現象的病。

腦力激盪，是美國學者奧斯朋（Osborm），在1941年某次會議中，出現一項集體智慧的創作，非常有可行的價值，所以引起了這位有心人士奧斯朋學者，靈機一動，就想出了這個史無前例的名詞「Brain Storming」。

奧斯朋學者設計腦力激盪人數，最好是6～12人為一組，其中一人當主席，一人當記錄，主席的任務就是要對已經

鎖定的主題，儘量激發在坐者勇於發言，記錄即時記下要點，並且即時寫在黑板上，以便讓別人連鎖激發出靈感（Creative Thinking），發表高見。但是大家要遵守遊戲規則：

1. 任何人發言，別人不得批評。

2. 無拘無束，海闊天空，任憑遨遊，重點就是開腔。

3. 不計發言次數與長短。

4. 鼓勵連鎖反應！

會議結束後，主席歸納出所有的見解，分析出最可行的點子，儘快付諸執行。

有一實例：

美國某電器公司，烤麵包機庫存量太多，積壓資金不少。

於是召開腦力激盪會議，結果歸納出兩個可行的方案：

1. 花一點錢，給社區房屋營造商，請他在設計新建房屋時，在每一戶飯廳，在飯桌附近牆壁的中間位置，留一個烤麵包機的空間。這樣等到購屋者搬進之後，一眼看去，就是烤麵包機的好位置。就是大家這一眼，該公司的烤麵包機庫存量，直線下降。

2. 在庫存烤麵包機上，貼上當地的巴士時刻表，便於上班族邊烤邊看時刻表，對把握趕車時間很有幫助，因此該公司烤麵包機又銷路大開，就這樣不久，是貨去庫空！

第六節　零缺點

零缺點（Zero Defect）簡稱ZD，乃品管最高境界，也是最積極的作法，更是最徹底的作法，簡直不可能有漏網之魚。此觀念乃美國馬丁公司企劃負責人克勞斯貝（Crosby），所創造的靈感。他在1960年，負責潘興（Pershing）飛彈研究工作。由於飛彈試射多次失敗，每次檢討，發現失敗的原因，只要工作者稍加注意，就可以避免。因此這一點點小小發現，就給他帶了震撼的靈感，那就是「每個人工作時，一開始就要做好，才是品質最大的保證」，特稱為「無缺點計劃」，又可稱「零故障」，最能虛心接受新知的日本在1965年引進，到了1975年，十年之間有700萬人參加「零故障」運動，藉此日本劣貨之名，一掃而空，產品品質之優良，享譽國際，令ZD創始人刮目相看，竟然說出了華語「青出於藍，勝於藍！」令在場華人，鼓掌叫好！

當年美國為了推行ZD運動，不斷的向大家洗腦，就連電梯也不放過標語（The Elevator Speech）。

1. 品質的定義，並不是沽名釣譽，而只是符合要求的規格和配方而已！
2. 預防重於檢驗！
3. 開始要做對，故障自然退！
4. 品質無缺點，大家都有臉！

這些標語和台灣到處可以看得到的「南無阿彌陀佛」的標

語，用意相同，皆是「自我洗腦」，也就是佛教的「自我修行」，向「零缺點」方向，走完人生，即便是上不了天堂，也不會下地獄吧！

本篇的概念

觀念是行動的先驅，不但要宏觀，而且必須務實。

一、宏觀：

生產是人類的大事，管理不善，則不是暴殄天物，就是食不果腹。所以WTO表面上是世界貿易組織，而實際上有生產管理的精神，讓全球「物盡其用」，「貨暢其流」，「地盡其利」，當然「人盡其才」，首當其衝！

二、務實：

1. 生產要「有效率」，執政也是如此。因為「執政無效，就是胡鬧」！

2. 生產要「保證品質」，執政也是如此。因為「品質保證，才能執政」！

3. 生產「成本要低」，執政也是如此。因為「浪費公帑，政績不良」！

第五篇
行銷管理

行銷管理是「知識經濟」的第四節知識車廂

好的產品要行銷得出去,才有價值,好的政策要行得通,才有意義,透過本篇的實務,可以增加行銷產品或行銷政策的思維模式。無論是生產業,或者是服務業,其過程完全一樣。

投入 → 轉 → 產出

但是一定要:產出>投入,這才是正常的企業,否則就是亂七八糟的「爛攤子」!因此所有的產出,皆要透過高明的行銷管理,才能使買賣雙方心甘情願,所謂「生意不成,仁義在」。麥當勞就是標竿,只要走進麥當勞,賣者是滿面春風,買者歡天喜地,因為價廉物美,環境優美,免費喝水,開車購買,不用跑腿,行銷世界,力如吹灰!這不是麥當勞服務人員的功勞,而是背後的行銷管理得當,所以雄霸全球!

第一章　行銷計劃

科學管理的循環，非常簡單：

計劃 → 執行 → 管制，週而復始

法國工業家費堯（Fayal）先生說：「計劃是各項預測的整合」，所以行銷計劃，也是各項預測的整合：

一、產品的名稱與種類？

二、產品的年銷量、月銷量、日銷量？

三、產品的價值：

1. $VA = \dfrac{滿意}{成本}$

2. $VA = \dfrac{售價}{成本}$

3. $VA = \dfrac{功效}{成本}$

皆要加以分析。

四、營收預算：

一年營收預算金額多少，減去成本，盈餘是多少，皆要詳加概算，以利行銷作業。

計劃或企劃，或行銷計劃，皆是企業管理專業高手的看家本領，在預測時，儘量減少「未知數」，使得其準確性較高。

第一節　行銷目標

目標就是方向，計劃的方向要正確，免得白忙一場，因

為，范光陵博士說過「在今日科技時代，方向重於努力，觀念重於機器」。

一、經濟目標：

1. 利潤：唯利是圖，是企業經營的唯一目標，但是要在消費者、投資者及員工等，大家共同滿意之下，去操長線的利潤，才算正常。

2. 服務：產品要想順利的上市，行銷的服務，要禮貌周到，真的要有「客人永遠是對的」情懷，以客為尊。國外超商都有退貨的服務，客戶只要在限期內退貨，對方二話不說，照辦。

二、社會目標：

有格調的企業，當營利累積到一定的程度，會想到要回饋社會，如高科技企業家張忠謀先生等，捐出兩億元給證嚴法師行善事。

第二節　外在環境的預測

法國工業家費堯（Fayal）先生說：「計劃是各項預測的整合」，而不是「閉門造車」。

一、政治的穩定：

台灣過去中小企業之所以快速發達，主要是政治的穩定。現階段大企業和高科技產業都賺大錢，也是主要靠政治尚穩定。否則，工商業界最敏感，一旦政治不穩定，他們會第一個拔腿就跑。

二、政府的政策：

　　政府的政策，經常在變，就像要徵收大陸台商的安全稅，對政府而言，是好政策，但是台商卻是不利的政策，經過紅頂商人群起而攻，阿扁趕緊消音。後來又有准許大陸廠商來台灣投資，避免兩岸軍事緊張，這也是良策，但是又被立委貼標籤「大陸代言人」。以前是大官神氣，現在是大官難為！原因就是大家都沒有「窮理明德」的共識。

三、人口的趨勢：

　　人潮是企業的財旺，預測準確，就會先奪商機。就像六○年代，凡在台北郊區投資房地產者，無人不發，因為人口突然暴增，房屋是供不應求，讓建商都走好運！

四、地區經濟狀況：

　　台北中廣建地，將要推出上億元豪宅，聽說已經被訂購七成。但是在其他縣市，上千萬的豪宅，卻乏人問津。

五、顧客的愛嗜：

　　人的慾望無窮，愛嗜常變，就像「風從那裡來」，捉摸不定，但是有眼光的企業家，就有看準的本領。就像行動電話的手機，在不斷的創新，還有高科技的電子，都是一片好景。

第三節　內部的整合

　　行銷計劃——重點在預測年銷售量，估計太多，浪費資金，估計太少，又怕錯失商機，所以要加以整合：

一、整合主管意見：

　　各單位主管，都是行銷的觸角，都有獨到的見解，非常值得加以整合運用。

二、市場調查：

　　獎勵客戶對產品勾出意見表，抽樣調查客戶對產品的反應。整合之後，找出行銷對策。

三、統計方法：

　　如今流行的民調，就是統計學。行銷計劃，也可以用統計法：

　　1. 趨勢分析：將過去行銷業績與當前客觀銷路現況，相互比較分析，多少可以看出未來趨勢。一般而言，趨勢是直線的延伸，偶發因素，當然例外。就像台灣香蕉外銷日本，長期趨勢，一直是看漲，不料今年突變，買者全部退貨，搞得全國上下人仰馬翻，大官要做香蕉秀，阿兵哥吃不消，區公所免費沿街送人，竟然還有人不敢要！香蕉碰到這樣趨勢，只有自認倒楣！因為「趨勢比人強」。

　　2. 相關分析：凡經濟發生大的波動時，預先皆會有一些象徵，所謂「領先指標」，只有智商高的學者專家，有此預感。據說日本在第一次能源危機前已經購足了原油，因為日本有專人在研究室內，天天在做世界經濟相關分析。

四、電腦分析：

電腦最大的功能就是分析，只要將相關的資料輸入，則不久會輸出很有價值的分析報告。如果一位普通的象棋手，要和電腦比賽下象棋，則一定輸給電腦，因為它的分析力較強。所以善用電腦分析的功能，是整合的捷徑。

第四節　行銷作業計劃表

行銷資料，經過分析整合之後就要正確訂出行銷作業計劃表，作為企業的主計劃。

行銷作業計劃表

產品名稱	單位	年產量	單價	月銷量												實際銷額	計劃銷額
				7	8	9	10	11	12	1	2	3	4	5	6		
甲產品																	
乙產品																	
丙產品																	
丁產品																	
戊產品																	

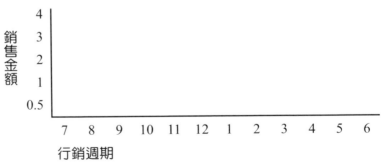

　　科學管理，就是化繁為簡，這麼錯綜複雜的行銷計劃，只要一張表格，表達的精緻無遺。因此，表格是科學管理的靈魂之窗，絕非虛言。因為表格才是「數字」說話的發言台，所以行銷作業計劃表要送達：

1. 生產管理部門：作生產計劃的依據。

2. 財務部門：計算成本而準備資金、預算。

3. 會計部門：作成本會計。

4. 行銷部門：在年終檢討。

　　預計總銷售金額＞＝＜實際總銷售金額

其中的原因、問題以及改進，作成年終檢討報告，作為下年的行銷作業計劃的參考。不過，這個「計劃」表證明了，「數」是科學管理的對象，誠非虛言！在該表下的座標，畫出曲線圖，更為顯然。

第二章　行銷的執行

　　行銷計劃決定之後，就要開始執行「行銷」的業務，行銷也就是推銷（Sales），比起「營業」似乎要積極一點。

第一節　商品化

　　產品與商品，略有不同，前者是原貌，後者經過化妝。既然產品要上市競爭，必須美化一番，以便吸引顧客！此化妝改稱包裝：如精美的外盒，貼上百年老店的商標，趕上時代的標價，在在都是向消費者招手（Follow Me），這就是產品商業化，但是千萬不要虛有其表，必須：

一、價廉物美：

　　任何商品，要想永續經營，必須要「價廉物美」，這是人類的共識，因為消費者心中都有一個精明的算盤：

　　(1)商品價值＞價格＝便宜　(2)商品價值＝價格＝合理

　　(3)商品價值＜價格＝昂貴

　　行銷者必定也是消費者，作何選擇，也得視情況而定，究竟三者何者為宜。因為這三者都有不同的經濟效益，就看行銷者有沒有看準消費的對象：

　　1.對大眾而言：(1)有效益。

　　2.對考究品質者：(2)有效益。

　　3.對觀光客：(3)有效益。

二、商標要簡而有力：

商標是消費者慾望的記號，越簡單有力，則越容易記，如大同公司的商標、德國賓士車的商標、BMW車的商標、日本TOYOTA車的商標，以及陸委會的標誌，都是出自設計高手。

三、包裝外盒求美：

佛要金裝，人要衣裝，商品更要包裝，如果發現更美的設計，不妨適時而換，一新耳目，也是行銷的策略，尤其是西藥，最講究包裝，因為很多消費者，專挑包裝精緻者買。同時每逢過年，乾貨店及水果店，將次級品，大加優美的包裝，價格適中，讓送禮的消費者，誤認為「物美價廉」，等到收禮者，打開一看，幾乎是一個騙局！

第二節　營業

營業就是要開始交易，至於如何交易，還有路線之分：

一、直接路線：

如加油站、鐵路局、銀行、郵局、飯店、旅館，以及公車等，皆是行銷者直接面對消費者交易！

二、間接路線：

1. 生產者 → 零售商 → 消費者，如省產菸酒。

2. 生產者 → 批發商 → 零售商 → 消費者，如農產品。

3. 生產者 → 大批發商 → 小批發商 → 零售商 → 消費者，如鋼料、五金、塑膠及木材等。

消費大眾，皆明知是層層剝削，但非買不可，因為這是營

業的路線，非要順此路線，產品才容易由生產者轉到消費者，中間過程，也要感謝商人的服務，給一點小費是應該的。因此，動腦筋的大企業家，看準了中間過程的差價，有不少利潤，乾脆開起大賣場，像萬客隆、好市多、家樂福，皆以比零售店便宜的價格，大量傾銷，引起開車族樂意花錢，大批採購！此路線比較短：生產者→大賣場→消費者，三者皆大歡喜！

第三節　推廣

商品行銷之初，要推廣，商品行銷業績停滯或下滑時，要推廣，年終消費者，個個荷包有錢時，要推廣，週年慶，要推廣，其目的只有一個，吸引更多的消費者購物。

一、推銷員（Salesman）：

推銷員直接向住戶推銷，如推銷報紙、羊奶、日用品等。

二、廣告（Advertising）：

新產品固然少不了廣告，舊產品也要適時打廣告，免得大家遺忘。當然，電視廣告最有效！

三、出奇致勝：

1. 商展：吸引人潮，當面廣告，物美價廉，一定有效。

2. 表演：工地秀，是推廣房子的高招。

3. 打折：年終百貨公司，以打五折作號召，果然人潮擁擠，營業額上升。

4. 贈品：買房子送裝潢，買冷氣送電扇，買電視送吹風機，這些都是推廣的高招。

第三章　行銷的管制

　　既然有行銷計劃，又有行銷執行，就必須要追蹤執行的進度及效果，是否與計劃的進度和效果相近，這樣的追蹤，就是管制，管制者有權指揮執行者按計劃運作。就像中正機場的塔台，有權管制飛機的起飛與降落。飛行員只有服從的義務，不像阿扁總統說的外行話「飛行員與塔台管制員，要互相尊重彼此的權利」，因為他不懂管制與尊重無關，不服從管制，就是犯規。而且飛行員必須是一個命令，一個動作，一點也不能馬虎，否則出事，自行負責！阿扁總統優點很多，但是「台灣之子」的作者胡忠信先生，卻批評他是「童子軍治國」，也有幾分事實。

第一節　商品化的管制

　　產品的行銷，不是把產品上市了事，還要按商品的生命週期，分段管制：

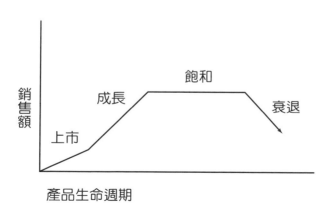

產品生命週期

一、上市：

凡是新產品上市，一定很難銷售，銷售金額也不盡理想，這些早在計劃的時候，已經是預料的事，所以預估的銷售量特別低，因此管理者每天都要盯牢行銷動態，不時與預估金額相比，看看究竟是：

1. 實際金額＞預估金額，則要通知生產單位趕貨，以免錯失商機。

2. 實際金額＝預估金額，則聽其言，觀其行。

3. 實際金額＜預估金額，則要開腦力激盪會議。

所有新產品的上市，都要把它們當成將來會下金蛋的小雞，要做管制性的調養，讓它們都能健康的成長。

二、成長：

任何一種新產品上市，只要生意看好，不久就有別家類似產品出現，準備分享大餅。所以管制者要趁勝追擊，讓產品在市場上，成長速度加快，儘早進到獨佔市場的優勢，使得該新產品的業績，達到公司的飽和。此時下金蛋的雞，才正式長到成熟，開始下金蛋了！SONY牌的電器，不就是這樣嗎？誰搶得過他呀？

三、飽和：

凡是產品行銷到飽和，也就離衰退不遠了！所以管制者要未雨綢繆，適時通知研究發展單位，研發新產品，以便取代衰落。因為下金蛋的雞也會老，總有一天不再下金蛋，屆時殺雞取卵都沒有用！日本是電器王國，收音機衰退，

就發明手提音響，手提音響衰退，就發明隨身聽。電視機也不知道翻新了多少次，讓消費者還來不及換新，又發明精巧錄放影機，更妙的是攝影機，乃觀光客必要的配備！

四、衰退：

商品走過黃金時代之後，衰退在所難免，因為這是產品的生命週期，就像再能幹的公務員，到了65歲都得退休，何況是下金蛋的雞呢？管理者看到產品有下列衰退現象，就得趁早剔除，讓它進入公司發展的歷史，讓後人追思：

1. 長期滯銷而無法改進者。如淡長壽菸。

2. 被消費者淡忘者。如五燈獎的合力他命補藥。

至於一再提管理者，主角就是總經理，因為他才有權有責，企業的成敗，他是一肩挑！其實總統又何嘗不是如此，因為政黨也有生命週期，否則何來政黨輪替呢？

第二節　營業的管制

營業不是保證開張大吉，皆有看不見的風險，否則怎麼會有的企業是鴻圖大展，有的企業就默默無聞。所以營業的管制，在降低營業的風險：

一、共同出資：

公司股權，讓出49％給合夥人，該公司既可降低49％的風險，又可主導公司運作，因為有51％的股權，就是老大！就像官兵退役輔導委員會的各縣市的瓦斯公司，皆與民間合資營業，如基欣、桃欣及彰欣等公司。

二、參加經營：

統一企業所開發的7-Eleven，全省數百家，都是別人投資
經營，僅僅用其招牌，投資者只管收錢，其他一切作業，
皆由統一公司統籌辦理，如補給商品、發行廣告、訓練人
員等，該公司只是按月抽取5～10％佣金而已。風險完全
由投資者負責，該公司是穩賺不賠，這不等於統一企業挖
到了金礦嗎？

三、直屬代理：

凡是國外進口的貨品，大部份都是透過代理商，代理商先
付貸款給洋公司，至於在台灣上市的風險，完全由代理商
承擔，洋公司也是穩賺不賠！就像克寧奶粉、澳洲牛肉、
美國蘋果、德國西藥、賓士車輛、日本電器、法國名酒等
等，都是透過代理商而上市。只要有眼光，代理暢銷的洋
貨，也等於買了一隻下金蛋的洋雞！因為台灣的錢，已經
淹到腳脖子，只要東西好，不怕銷不掉。反而言之，台灣
有很多產品外銷，也是透過當地的代理商經銷，外銷公司
也是穩賺不賠！如同科學園區，高科技電子產品，世界各
地洋公司爭相代理，讓這些科技公司，大吉大利，就連員
工年終獎金，都超過百萬台幣，怎不令人眼紅！可見這些
公司的技術，是高人一等，技術可分為二：

1. 生產技術：高科技產品，一定出自高科技人才之手。

2. 管理技術：閉著眼睛也想得到，這些公司用的是企業管
   理技術，但是也脫離不了本書科學管理的常識，以及行

銷管理的常識。只不過整合的更精緻而已，成了他們管理的利器，所謂「工欲善其事，必先利其器」。

「企業管理」技術，不但是生產業、服務業及政府有效管理的利器，而且也是「知識經濟」開發的利器。因為它承先了「科學管理」的思維，也啟後了物料管理的思維，生產管理的思維，以及行銷管理的思維。所以「知識經濟」很像大時代的一列火箭式的火車，「科學管理」像火車頭，「企業管理」像第一節車廂，「物料管理」像第二節車廂，「生產管理」像第三節車廂，「行銷管理」像第四節車廂，以下都像「知識經濟」的車廂。只要是有「窮理明德」合格的駕照者，皆可駕駛這一列車，馳騁在人生的軌道上。為人民安居樂業奉獻心力，為政通人和拿出智力，這才是發展「知識經濟」的真諦！

第四章　行銷管理泛政治話

行銷不限於生產業，服務業更依賴行銷，政府是最大的服務業，沒有好的行銷，再好的政策也難推展，所以要泛政治話一番！

第一節　行銷政經相提並論

現代文明的國家，對政治與經濟，皆相提並論。就像台灣的仿冒品，當影響到美國經濟時，他們就拿出政治法案301條款伺候。再看國內目前政治紊亂情況之下，經濟一併紊亂蕭條。剛好是政經相提並論的機會教育，首先要將兩者底線訂出：

1. 玩政治的底線＝政通人和
2. 搞經濟的底線＝安居樂業

以美國為例，就是朝野有企業管理的共識，彼此互動始終良好，政府運作歷來都在政通人和底線之上。911恐怖事件，美國朝野處變不驚的表現，就是例證。美國的社會福利制度早就健全，人民始終安居樂業，所以政治與經濟從來沒有沉淪過底線。

台灣當年在經濟奇蹟年代，大家也享受過政通人和及安居樂業的生活。如果後來的領導者好自為之，今日照樣可與美國媲美。可惜，李登輝夜召許信良共謀修憲，玩出「雙首長」制，只顧他自己有權無責，卻埋下了政治亂源的地雷，十多年

來，政治沒有一天安寧過。迄今政治與經濟的生態，皆沉淪在底線之下：

1. 政府：是政不通人不和，李大師說「官不聊生」。

2. 人民：是居不安業不樂，李大師說「民不聊生」。

　　這就是朝野都沒有「企業管理」的共識，所造成的後遺症。正如同美商白皮書所述「執政黨還沒有學會管，在野黨還沒有學會不管」，這樣政治與經濟，想不亂也難！因此執政黨應率先回歸「企業管理」的技術面，及「科學管理」的基本面，落實企業化經營的理念。如此一來，在野黨想管，恐怕也插不上手！因為企業化經營政經，一定會「綠色執政，品質保證」，請問，反對黨還有不喜歡「品質保證」的人嗎？

第二節　貨真價實乃行銷上策

　　「貨真價實」與「童叟無欺」，皆是行銷的高招。以政府服務業而言，政策就是政府行銷的產品，由於過去375減租政策、十大建設政策及戰士授田證政策等，都有輝煌的成就，就是因為「貨真價實」及「童叟無欺」。所謂「政策」，就是政務推行的策略，也就是方向。只要是為民造福，都是好的政策，也是政府行銷的上策。

第三節　北京申奧的成功乃行銷奏效

　　行銷最好的策略，就是「貨真價實」，北京申奧的成功，就是行銷手法奏效：

一、貨真：

　　大陸體育實力強盛，近兩屆奧運，穩居世界第三位。尤其是近十年來。中國改革開放成果顯著，讓世人刮目相看，再加上大陸佔世界五分之一的人口，的確是宣揚奧林匹克精神最好的區域與時機，這些都是真實的現象。

二、價實：

　　北京八年前申辦2000年奧運，前三輪保持領先，卻在最後一輪以兩票之差敗給雪梨，給原本自信滿滿的北京，遭受極大的打擊。此番捲土重來，北京在形象設計、行銷手法上，都有極大的轉變。除請到曾協助雪梨成功申辦2000年奧運的行銷專家，統籌行銷工作，並邀請曾協助亞特蘭大、雪梨奧運環保工程的香港環保女將廖秀冬擔任環保顧問，為北京最為人詬病的環保一節提供助力。而且也由香港名設計師，為北京設計新穎具時代感的奧運標誌。如此花費行銷的錢，都用在刀口上，還不算價實嗎？

　　由此可見，行銷管理的思維模式，大則為國爭光，小則也可政通人和，故台灣政治領袖，不可等閒視之！

第六篇
知識經濟概念

其實「知識經濟」，就是「經濟知識」之意，所以前者了無新意，反而有點令人迷思。原因出在譯者簡化了原意，因為「Knowledge-Based Economics」並不是這兩者的名詞，而是「知識為經濟之本」的片語，代表美國現在人民的經濟文化思想進步的潮流。因此美國1991～1999年間的經濟快速成長，學者認為全賴人民知識水平的成長，創造及應用所產生的結果。於是就在1996年OECD會議中學者才正式端出「Knowledge-Based Economics」這項標語。目的在承先啟後，鼓勵民心，繼續共同營造社會整體經濟。因此美國推動WHO、WTO、APEC及OECD不遺餘力，讓各國分享世界和平，這就是美國精神（國家、責任、榮譽）偉大的所在！值得世人學習。同時還要瞭解美國從政人物的共識，乃存「窮理明德」之心，用「科學管理」之理，做「經世濟民」之事。所以朝野互動始終良好，人民永遠安居樂業，因此美國有能力主導世界和平！

　　既然此譯名「知識經濟」，木已成舟，只好試用下去，但是要以「知識為經濟之本」為導向。因為「知識經濟」本身，既無理論可言，也無法則可說。所以，「知識經濟」像一列劃時代的火車，「窮理」與「明德」就是時代火車雙軌。「科學管理」是火車頭，「企業管理」是第一節車廂，「物料管理」是第二節車廂，「生產管理」是第三節車廂，「行銷管理」是第四節車廂。後面再連接的就是本篇計18章，就等於18節「知識經濟」車廂，每章都是官產學界人物的經驗傳承，提供大家參考。

第一章　知識經濟到底何解？

坦白說，「知識經濟」無論怎樣解讀，都令人感覺到生澀，只好囫圇吞棗。有一天筆者在做有氧運動之中，靈感突然出現：

1. 人的生命靠空氣。

2. 空氣中的氧氣，才是維持人生命的泉源。

3. 肺功能就是將吸入空氣中的氧氣留下，其餘的廢氣一併呼出，於是人的生命就在不斷呼吸之間，渡化了人生。

同樣可以意會出：

1. 人的生活靠「知識」（植物人及智障者等例外）。

2. 知識中的知識經濟，才是維持人生活的泉源。

3. 科學頭腦的功能，就是將知識中的知識經濟，轉化為智慧的能量，發展個人的經濟生活，度過有價值的人生。

　　結論：

　　1. 人的生命靠「知識氧氣」——避免空氣的污染。

　　2. 人的生活靠「知識經濟」——避免經濟的危機。

兩者如同人生的雙軌，缺一不可，這不是「知識經濟」的言傳，而是意會！

第二章　天下之大，理一而已

從前面五篇的

1. 科學管 ⎫
2. 企業管 ⎪
3. 物料管 ⎬ 理
4. 生產管 ⎪
5. 行銷管 ⎭

可見這五篇話題，皆是理一而已。推而廣之，就是「天下之大，理一而已」，這是王陽明大師國寶級的經典之作，因為這是人的思維之鑰，也是政治人物心胸開闊（Open Mind）的宇宙觀，如布希總統說「人類貧富不均，是不合理的」，就是宇宙觀的思維。

第一節　天下何其大？

在此，天下指宇宙而言，大指宇宙科學的學問而言，所以天下之大者，乃天下科學學問之大也。因為宇宙是上帝創造的自然科學的客體，人的心智（心理）是科學的主體，主宰科學的客體，王大師說「宇宙即吾心，吾心即宇宙」，表示宇宙之大，不外存乎一人之心。如謝東閔說「消除貧窮」及「客廳即工廠」，乃屬宇宙觀所產生的「悲天憫人」思維。

再看美國911後，柯林頓的宇宙觀，他說「當前我們必須贏得這場戰爭，但長遠性來看，我們必須在新世紀中分享利

益，並縮小負擔，我們必須讓開發中世界的民眾遠離原始的仇恨。我們必須讓已開發世界的民眾，遠離短視性自私自利。」他更強調「全球人類不平等現象，勢必導致暴力，美國與其他富有的國家，必須努力解決貧窮、愛滋病，以及諸如全球暖化環保議題。」這不是悲天憫人的宇宙觀嗎？

第二節　理一何其一？

其實，在文天祥的正氣歌，就告訴了世人「天下之大，理一而已」的意識，所謂「天地有正氣，雜然賦流形，下則為河嶽，上則為日星，於人曰浩然……」，其中正氣與浩然，皆指真理而言。所以照葫蘆畫瓢，就是「天地有真理，全在人心理，上則知天文，下則懂地理，只要心正常，不會傷天理。」因此科學發明家的鼻祖王大師「理雖在萬物之中，而不外乎一人之心。」還說「天下有心外之事，心外之物乎？遺物理求吾心，吾心又何物邪？」結論「心即理也，心外無物，心外無事，天下之大，理一而已。」這麼平凡的科學理論，真是世界級的經典，原來人生幾十寒暑，生活在心與理之間。常言道「人同此心，心同此理」，還有「有理走遍天下」，這不都是「天下之大，理一而已」的證明嗎？就連人造的文學與哲學都不例外，前者必須順理成章，後者又稱為哲理。

第三節　科際整合

洋人的科際整合（Integration of Discipline），就是「天下

之大，理一而已」的思維，就是要將各種各樣的科學，整合為二：

1. 有生命科學（Life Science）：如動物學、植物學、生物學及醫學等。

2. 無生命科學（Non-Life Science）：如物理、化學及天文等。

　　其實兩者皆屬自然科學，與學者創造出的哲學、文學、政治學、經濟學、科學管理學，及企業管理學等，皆屬社會科學，依然在天下之大，理一而已，而且還可以用恆等式表露無遺。

$$天下之大＝自然科學＋社會科學$$
$$＝窮理＋明德$$
$$＝格物$$
$$＝理$$
$$＝心$$

【解】(1)心即理，常言道「人同此心，心同此理」。

　　　(2)王陽明大師解讀「窮理明德是格物」，最為切題。

　　　(3)自然科學在窮理，社會科學在明德。

　　　所以(1)=(2)=(3)=天下之大。

第四節　心即理

　　心即理，就是心＝理，否則此人就得找心理醫生治療，以免精神失常，因為心＝理，可以為人人定位：

1. 人民，心＝理，則為正常人，做事正常。

   心≠理，則為不正常人，不做正常事。

2. 公眾人物，心＝理，則有原則的人，受人尊敬。

   心≠理，則沒有原則的人，令人唾棄。

3. 政治人物，心＝理，則為政治家，為民造福。

   心≠理，則為政客，爭權奪利。

4. 元首，心＝理，則經世濟民，萬古流芳。

   心≠理，則禍國殃民，遺臭萬年。

由此可證，「理」在人內心世界有活動的空間，就看各人如何定位或定向。所以先聖孔子早就忠告為君者，立身向學的方法是「大學之道，在明明德，在親民，在止於至善。知止而後能定，定而後能靜，靜而後能安，安而後能慮，慮而後能得。」定，知至善之所在，為君者先要有定位（向），然後才可能「靜安慮得」，這是修身向學的自然順序。否則像阿扁總統主政一年多來，什麼都沒有得到，原因非常顯然，就是一開始就沒有定位（向），也就是他的心≠理，做元首的理，就是「經世濟民」，別無選擇，否則就是亂源的引線！如今大家都身歷其境，已經是苦不堪言，民主先生還在此時出書挺扁，損連鬥宋，等於是雪上加霜。可見心≠理，的確像阿扁所說的「老蕃顛」！

第三章　大前研一

這位日本趨勢專家，他的名著是《看不見的新大陸》，這次來台灣以「知識經濟時代，政府的角色與策略」為課題，講給政府高級官員聆聽與學習。筆者擔心遠來的和尚會念經，而部份官員有聽沒懂，殊多可惜，特此作重點的分析如下：

第一節　就題論題

先將大前研一的講題「知識經濟時代，政府的角色與策略」，作一解讀：

一、何謂「知識經濟」的時代？

　　答：很簡單，就是「知識創造經濟，經濟考驗知識」的時代，與「青年創造時代，時代考驗青年」，異曲同工。

二、政府角色如何？

　　答：政府是服務業，公僕有義務在「知識經濟」時代，先做好社環保工作：

　　　　1. 乾淨的物質環境：讓人民有安居樂業生活的環境。

　　　　2. 乾淨的精神環境：讓人民有文明社會生活的環境。

　　　　這樣的發展「知識經濟」才有價值！

三、政府策略如何？

　　答：世界任何國家政府的策略都是一樣——經世濟民，就像世界上的醫師策略都是一樣——濟世救人。簡單舉

例，「送愛心到印度」就是經世，「捌么洞洞，台灣
啟動」就是濟民，這才是發展「知識經濟」的目的。

第二節　政府應扮演三角色

大前研一說「所有的政府都可以扮演三個角色」：

第一、政府趕快把舊而不當的體系解決掉。

> 分析：什麼是舊而不當的體系呢？在此指的是政治體
> 系，看到正當政治體系，就可凸顯不正當體系。
> 大家公認正當的政治體系，不外乎總統制與內閣
> 制，其正當的理由，就是三權分立。否則任何政
> 治體系，皆屬舊而不當。台灣政府為何做不到，
> 其原因也就可想而知。

第二、在進入新經濟時，決定一個明確的發展方向。

> 分析：對政府而言，經濟就是「經世濟民」，這就是唯
> 一的方向，別無選擇，否則一定天下大亂，就像
> 現在台灣朝野一樣，亂象叢生。

第三、就是政府趕快離開，不要擋路，讓個人和企業，在新經
濟中充分取得發展先機。

> 分析：大前研一特別強調，三通不通講不通，其他神主
> 牌、意識形態牌，不趕快拿開，台商敏感最快，
> 一股勁的外移，現在已出現「債留台灣，錢存香
> 港，廠開大陸」的跡象，這就是搬石頭砸自己腳
> 的後遺症！

第三節　知識經濟時代，先生不靈了？

大前研一指出，在無國界的網路上，知識唾手可得。相對的創新能力及思考能力，變得更為重要，人才一定要能夠追根究底，摸索到什麼是對的。所以在新經濟中，先生懂得的未必比後生懂得多，因此老師要懂得循循善誘，開發觀念，以及經驗傳承。此與作者理念不謀而合。

分析：1. 追根究底，摸索到底什麼是對錯？此乃企管的精神，就像當年經濟奇蹟，趙鐵頭創新力，就是來自企管精神。所以政務官必須皆有企管精神，才有創新的能力，為民謀福祉。現下的政務官都有為民福祉，創新過政策嗎？

　　　 2. 先生懂得的未必比後生懂得多？既然如此，當然官大未必學問大了！例如：

　　　　(1)《看不見的新大陸》一書，明明表示知識經濟是發展整體經濟看不見的推手，而張院長卻解讀為帶有浪漫及夢想色彩的書名，可見他浪漫想像力豐富！

　　　　(2)陳博志主委說：「知識經濟，在提升人的品質，建立公義公益的社會。」阿扁總統卻當作政治訴求，他說：「知識經濟是兩岸貿易的橋樑，也是共同的語言」，這是誰撰的稿？誤導總統說詞不當！

(3)大家都知道「Knowledge is power」是「知識就是力量」，但可借用為「學問大官大」。如果要英譯「官大學問大」，則將此英文句顛倒一下即可「Power is knowledge」，既揶揄又諷刺。因為瞎掰硬拗的政治人物，就是這種心態，試問能進入「知識經濟」的時代嗎？

第四節　家庭教育

大前研一要台灣家庭教育回歸到教育體系上，要政府施力。

分析：家庭教育就是倫理教育，可惜政府領導者，根本就不重視四維八德的人文教育，心靈改革也是騙人的把戲，社會教育幾乎破產，家庭教育如何維持？家庭倫理的悲劇，新聞還不夠多嗎？政治領袖，怎麼對得起台灣原本重視家庭倫理的社會？王永慶回憶日據時代，人們相遇第一句話就問「吃飽莫？」這是多有情有義的社會呀！這才是真正的「本土化」。

第五節　給政府的忠告

大前研一忠告台灣政府，邁入新經濟，趕快踏出第一步，不要永遠躲在舊經濟的領域中，台灣走來是很辛苦，但絕不要放棄過去的努力。

分析：1.絕不要放棄過去的努力。

當年台灣經濟奇蹟，就是趙鐵頭等領導中小企業的努力，可惜後來者並沒有保持正面的努力，而一路下滑，一路走來非常辛苦，而造成今日亂象叢生的局面，這就是放棄過去努力的後遺症。

2. 新經濟與舊經濟究竟有何不同？

其實經濟本身並無新舊之分，只是觀念有先後之別。

(1)先前觀念：認為生產要素為土地、勞力、資本以及企業精神，對局部經濟有非常大的效益，如傳統的中小企業。

(2)現在觀念：發現生產要素為自然資源、人力資源、資本形成，以及科技與創新，對社會整體經濟產生莫大的效益，如高科技產業。

(3)科技尤其重要：因為科技的進步，是投資生產者最大的誘因，科技來自知識經濟的精華，因此現在才開始認清「知識就是力量（Knowledge Is Power）」。

(4)科技分為兩類：

(A)生產科技：屬於專才及專業，乃生產的主體。

(B)管理科技：屬於通才，乃企業家必備的條件。尤其是服務業，非用企業化經營不可。政府屬於服務業，也非用企業化經營才有政績，所以企業管理科技，乃政務官必備的條件，這樣執政團隊才有共識與默契。否則就如同新政府，

各有一把號，各吹各的調，吹了一週年，吹出小樹苗。這就是沒有企業化經營本領的團隊，所產生的後遺症。

由此可知，大前研一演講「知識經濟時代，政府的角色與策略」的用意，要政府官員瞭解什麼是知識經濟的時代，執政團隊扮演什麼角色，策略怎麼訂才正確，這些都是科學管理的思維。所謂「要趕緊踏出第一步」，就是先補習科學管理的知識，因為它是「知識經濟的火車頭」，也就是「知識經濟」的知識。否則談「知識經濟」發展方案，皆不切實際，很可能又是無疾而終！大前研一是日本趨勢專家，所謂「趨勢」，就是將過去經濟效益或政治政績與當前經濟效益或政治政績，相互比較與分析，多少可以看出未來趨勢，一般而言，趨勢是「理」的直線延長，因為「天下之大，理一而已」。「理」在那裡，大家千萬要記著，「理」在每一個人的心裡。尤其主政者，他順「理」則國泰民安，逆「理」則亂象叢生，治國的理念就這麼簡單，「順理」與「逆理」在內心世界拔河。前者得勝，則政通人和，也就是施明德常說「玩真的」，後者得勝，則明爭暗鬥，也就是施先生常說「玩假的」。是真是假，不但主政者心知肚明，人民眼睛也是雪亮的，常言道「太陽之下無鮮事，政治人物千萬莫作非份想」。還是陳博志主委說的平易近人「知識經濟，在提升人的品質，建立公義公益的社會。」這才是朝野應有的共識，最根本的作為，也是最有效益的作為，否則一切努力都可能是白費。筆者希望「知識經濟」的概

念，能夠給讀者一些提升知識品質的理念，尤其是執政者，更要以身作則，盡快提升科學管理素養，早日政通人和，讓社會達到公平合理的境地，止於至善，是幸！

第四章 行政院知識經濟發展方案的檢討

　　方案是因時制宜的行動計劃，經建會訂此方案（如附錄），似乎很難行動，因為：

1. 「知識經濟」是教育文化課題，並非經建的項目，所以此方案內容，充其量也不過是資訊報導，似乎沒有方案的價值，因此無法推行。

2. 經建技術，不外乎生產技術和管理技術，「知識經濟」只不過是這兩者成長的養份，不發展前兩者，而強調後者，乃本末倒置，不近道矣！此案可能無疾而終！

3. 經建會唯一能做的是對每日大量出籠的「知識經濟」分門別類，公告週知，便於使用者吸收，掌握先機！

4. 配合產業發展，解決技術問題，消除整體經濟發展的障礙，否則經濟長期衰退，經建會也難辭其咎。

5. 「知識經濟」透過人的智慧，才有經濟發展的驅動力可言，如今經濟一厥不振，不是「知識經濟」的問題，乃人的智慧問題，經建會為何不從此著力？

6. 方案的擬訂必須有主旨、說明及辦法三段，並且文圖並茂，否則就是雜亂無章，圖如迷宮！此方案可以發展「知識經濟」嗎？

　　由此可見，經建主持者，似乎還沒有看透「知識經濟」的真諦，也沒有掌握其核心價值，更沒有徹底瞭解其來龍去脈，

就高唱「知識經濟」的偉大。這樣不但得不到一點回應，恐怕還會銷聲匿跡！再說如此不可行的方案，居然行政院院會還能通過，如今一年多還無下文，可見胡忠信說「童子軍治國」，誠非虛言。

第五章　八大迷思的分析

台積電董事長張忠謀日前在總統府國父紀念館月會演講中，以「知識經濟的迷思」為題，直指政府推行不力。其中有八大迷思，以筆者的淺見，分析如下：

一、張忠謀說：「若干學者認為，美國近年來的經濟繁榮，主要為知識經濟所賜的迷思嗎？」

　　分析：其實「知識經濟」，才是人類文化的主流，小則如鑽木取火，大則如大禹治水，皆是知識經濟的行為。如今周遭的用品，以及琳瑯滿目的商品，都是透過知識經濟的智慧結晶。美國自泰勒（Taylor）創作「科學管理」之後，人民以此待人處事已經習以為常，尤其朝野對企管皆有共識，因此互動良好，早就營造了知識經濟的大環境。終於在1991到1999年政府與企業通力合作之下，呈現了美國有史以來的經濟奇蹟。在1996年的OECD會議中，學者們才看出這是美國「知識經濟」智慧的力量所為，因此該名詞，脫穎而出。其實在美國是由科學管理→企業管理→知識經濟，純粹是水到渠成，沒有參雜意識形態的迷思！否則鮑爾也當不上國務卿！

二、張忠謀說：「現在美國經濟急速退燒，科技業尤受重創，是否表示知識經濟已經消滅呢？」

　　分析：「知識經濟」是取之不盡，用之不竭，因為今日

是知識爆炸的時代。其實任何產品都有生命週期（Life Cycle），所謂「上市→成長→飽和→衰退」，經濟只不過是所有產品的集合名詞，當然有景氣與衰退的循環，只要不影響人民的安居樂業，就是正常現象，台灣是這樣嗎？

三、張忠謀說：「知識經濟的重點不是知識，而是轉知識為利潤嗎？」

分析：簡單的說，知識就是力量，力量必有利潤。

四、張忠謀說：「知識經濟只適用科技業，與其他行業無緣嗎？」

分析：「知識經濟」無門戶之分，誰有聰明才智，誰就可以用，無行業之別，此乃自由財，取之不盡，用之不竭，各取所需，各盡其能！

五、張忠謀說：「知識經濟對全民收入有水漲船高作用嗎？」

分析：「知識經濟」的真諦，是應用正面的知識，發展社會整體經濟的效益，造福人群。有智慧者搞經濟，對人民所得而言，確有水漲船高的作用，例如當年的台灣經濟奇蹟！人民所得倍增多次。如今經濟長期蕭條，民間所得已經大幅縮水，也就是水落船低，為什麼政府大官的所得，不遵守此自然法則（Physical Laws）呢？如果領導者都不像阿扁總統自動減薪而以身作則，高唱「知識經濟」價值何在？因為「知識經濟」的中線，就是開源節流，如

今開源不易，只好節流。就像陳才女選上立委，連薪水都不要，全數捐給勞工失業基金。

六、張忠謀說：「台灣人民富有創業精神，所以便適宜發展知識經濟嗎？」

分析：創業精神就是靠創業者知識經濟的成長，創造和應用，所產生的精神力量，因此他們對知識經濟有信心，敢創業，難怪世界各國都有台商的足跡，尤其是大陸，幾乎是台商創業的大本營！

七、張忠謀說：「知識經濟可以獨立發展，無關周圍的政治、人才、法治、社會倫理環境嗎？」

分析：「知識經濟」的下線，就是不浪費，中線是開源節流，上線是經世濟民，人才基本的理念，就是不浪費資源，即不貪污受賄。政治基本要求，就是開源節流，盡玩赤字遊戲，則政治生命會長嗎？法治基本要求，就是公平正義，如果還玩有錢判贏，沒錢判輸的鬼把戲，則法治會不終結嗎？社會倫理基本要求，就是不患寡而患不均，所謂官員「均」不貪瀆，人民「均」安居樂業，否則社會倫理蕩然無存。以上都是發展知識經濟有利的大環境，否則是徒勞無功！而陳主委卻說「社會各方面的改善是無止盡，等到都改善好再發展知識經濟，並不切實際。」

社會各方面的改善是無止盡嗎？將污濁的政治改善

為清明的政治，是無止盡的嗎？將奴才改為人才，是無止盡嗎？將不依法行政改善為依法行政，是無止盡嗎？將社會喪失倫理的風氣恢復為倫理生活，是無止盡嗎？以上四點不加以改善，發展「知識經濟」，不但不切實際，而且不可能有經濟效益！眼前就是事實，還需舉例嗎？難道「改善」不需要「知識經濟」的應用嗎？能有績效嗎？

八、張忠謀說：「知識經濟是我們別無選擇，必須走的路嗎？」

分析：「知識經濟」這條路，人類是自古走到今，碰到有賢慧的君主，則經濟就會繁榮，人民就會過快樂的日子，否則就得過痛苦的日子，別無選擇。

第六章　聯合報的社論原稿

打破知識經濟的迷思　才能創造遠景

台積電董事長張忠謀，目前在國父紀念館月會專題演講中，以「知識經濟的迷思」為題，直指政府推動知識經濟的盲點所在，其實就是要點提醒政府官員不要一廂情願地掉入「知識經濟萬能」，「沒有知識經濟，就沒有前景」的陷阱，而要以宏觀的思考，踏實的作為，來推動政治、教育、金融、環保、法治等各個層面的改革，才能真正創造知識經濟發展的大環境。

張忠謀的警語與我們的看法不謀而合，在去年九月唐內閣提出「知識經濟發展方案」時，我們就提醒推動知識經濟並無捷徑，必須將一切有利於知識經濟發展的軟硬體長期建設計劃，循序漸進，持之以恆地加以落實。現在素有科技教父之譽的張忠謀更是直言批判，希望對那些卯足力氣推銷「知識經濟」的政府官員，能有醍醐灌頂的作用。

事實上，政府提出知識經濟的美麗遠景，在社會上並沒有引起廣泛的回應。雖然經建會進一步研擬彙整了六大本知識經濟方案具體執行計劃，但仍不能提高各界的重視，追根究底，知識經濟之未能引起共鳴，主要原因有三：

第一、缺乏知識經濟的知識，知識經濟之所以受到重視，就在強調以無形的知識資本，作為最重要的生產要素，有別於一般認知的土地、資本、勞動力、企業家精神四大生

產要素。因此，發展知識經濟，其關鍵不僅在於如何累積知識資本，同時還要能將知識資本轉換為生產力的提升，並具體呈現在國民所得的大幅提高。換句話說，所謂知識經濟的境界，是將無形的知識經濟資本轉化為高額的國民所得，以作為標準，即使科技最先進的美國，其整體經濟中也只有部份稱得上是知識經濟，遑論台灣。

可笑的是，政府決策者及部份學者專家，將台灣資訊產業近來商運成長，與知識經濟發展混為一談，誤認台灣已有邁進科技國家及知識經濟的雄厚實力，但事實真相卻非如此，因為台灣資訊快速成長，其背後的推力是來自於龐大資金的來源，很大部份是取自國內畸形發展的資本市場。說的更明白一點，最近幾年台灣資訊業的成就，並非歸因於知識資本的累積，而是源自金錢資本的大量集中在資訊產業，這種發展所付出的代價，就是金融市場的失序，以及傳統產業受到排擠及走向嚴重衰退。

第二、政策優先緩急不分，國家整體資源有限，政府的資源與人力更有限，因此，為政者須有經濟學的機會成本概念，應選擇最急迫，效益最大的政策事項優先推動。以當前台灣經濟病況之嚴重，政府當務之急須先醫病，尤其推動金融改革，重運經濟秩序，並改善投資環境，協助傳統產業走出困境。在這些事都還未做好之前，遽然

提出知識經濟發展方案這種高目標，高難度，成效又難期的計劃，就好比要生病的人去參加運動比賽一樣，難怪引不起企業界的共鳴。

第三、形式主義作祟，政府推動知識經濟，政治訴求多於經濟考量，口號多於行動，書面文件堆砌多於務實有意義的作為。因此，外界能看到的就是政府掛「知識經濟」的新招牌，賣的是舊政府的過時產品，找不到任何有價值的內涵，這種形式主義無疑是發展知識經濟最大的諷刺。

張忠謀針對知識經濟的率直談話，其實只是戳破「國王新衣」，讓大家看得更明，我們希望政府官員在夢醒之際，能夠面對國內經濟的真實一面，以務實作為來推動經濟改革，才能給台灣經濟帶來希望與遠景。

「社論」的分析

由於這篇「打破知識經濟的迷思　才能創造遠景」社論，是學者經驗之談，值得大家深思熟慮，特此依序分析，幫助讀者容易瞭解：

一、社論「不要迷思知識經濟萬能」。

分析：1. 迷思：就是迷失了思維，既不理智，也不科學，既缺乏人文素養，也沒有忠恕之道。

2. 知識：就是經過處理的資訊，古今中外聖賢之書，以及現代世界各國產官學界人物經驗之談，

所轉變而成有價值的知識，重點在對人類有正面意義者為限。

3. 經濟：就是將天然資源與人力資源，轉變對人類有益的產品與服務力量的總和，尤其特別重視人的品味，以造福人群為優先，政治也不過為經濟服務的工具而已！

4. 知識經濟：就是用正面的知識，發展有益人類的經濟活動，讓世界平穩的走下去，這是創作此名詞者的本意，宏觀及功德！

5. 萬能：此乃形容詞，如以前鼓勵勞動神聖，則誇大其詞為「雙手萬能」，錢是經濟力的有形代表，俗語說「錢不是萬能，但是沒有錢是萬萬不能」！換而言之，經濟在一個沒有智慧者搞下去，恐怕是萬萬不能！

二、社論「沒有知識經濟，就沒有遠景」。

分析：知識經濟就像泉水一樣，在古今中外產官學界人物的頭腦中不斷湧出，可以說取之不盡，用之不竭。只看為政者，有沒有智慧的差別？就像如今經濟景氣長期低迷，人民生活幾乎民不聊生，遑論遠景？

三、社論「宏觀的思考，踏實的作為」。

分析：這本來就是為政者的基本條件，如果沒有趙鐵頭的宏觀思考，踏實的作為，會造成當年台灣經濟奇蹟嗎？

四、社論「推動政治、教育、金融等各方面的改革」。

分析：當年台灣經濟奇蹟的時代，政治、教育、金融等各方面，不都是蒸蒸日上嗎？為何後來會逐漸向下沉淪呢？為什麼不防微杜漸呢？非要等到變成爛攤子，才想起改革呢？究竟要改到何時？

五、社論「知識經濟無捷徑，必須循序漸進，持之以恆地加以落實」。

分析：知識經濟是人造的無形資源，無所謂捷徑，因為知識如浩海，取之不盡，用之不竭，各取所需，各盡所能。倒是人智慧的成長是循序漸進，由格物 → 致知 → 誠意 → 正心 → 修身 → 齊家 → 治國平天下，只要持之以恆加以落實，大家都有好日子過！知識經濟的目的也不過如此，並無奢求！

六、社論「政府提出知識經濟的美麗遠景，在社會上並沒有引起廣泛的回應」。

分析：美麗遠景如同遠水，現在的亂象如同近火，知識經濟的功用，就是改善現在的亂象，發展正常的經濟，力求國泰民安。否則遠景再好，又有何用？像台灣Double有什麼好反應，因為「遠水救不了近火」，是一般的常識！

七、社論「缺乏知識經濟的知識」。

分析：此乃發展「知識經濟」最重要的關鍵，也是最重要的焦點，更是大家迷思的所在。什麼是「知識經

濟」的知識呢？這個問題的答案，正是筆者塗鴉的動機，因為「科學管理」就是「知識經濟」的知識，以前有案例可循，四十年前就有學者說「科學管理是今日知識爆炸（Knowledge Explosion）的引線」，如今當然可以斬釘截鐵的說，「科學管理」就是「知識經濟」的知識。如果改作「科學管理為知識經濟之本」，更有說服力，否則乃捨本逐末！朝野想不亂也難？再說一遍，「知識經濟」的知識，就是「科學管理」。後者如小雪球，前者如雪地，雪球是越滾越大。

八、社論「知識資本作為最重要的生產要素，有別於一般認知的土地、勞力、資本、企業家精神四大生產要素。」

　　分析：1. 知識資本——等於知識資源，也等於知識智慧，而且還可以說：

　　　　　(1)知識是企業家的精神食糧。

　　　　　(2)知識是勞動者的維他命。

　　　　　(1)＋(2)＝產業的驅動力

　　　　　　　　　＝經濟效益看不見的推手。

　　　　2. 知識資本比土地、勞力及資金更重要。說明不如舉例：目前台灣雖然有充足的土地、勞力及資金，但是經濟反而一蹶不振，顯然是為政者知識智慧的不足。追根究底，執政者一開始就沒有做好，並沒有存「窮理明德」之心，當

然不會用「科學管理」的方法，於是乎也不會做出「經世濟民」的事，剛好與發展「知識經濟」的方向背道而馳！如此還想經濟繁榮，政治清明，等於緣木求魚！

九、社論「即使科技最先進的美國，其整體經濟中也只有部份稱得上是知識經濟，遑論台灣？」

　　分析：科技（Technology）——乃科學技術，可分為二：

　　　　(1)生產技術：屬於專才，俗語說「萬貫家財，不如一技在身」。

　　　　(2)管理技術：屬於通才，乃企業家必備的條件。

　　　　以上兩者皆屬於「知識經濟」，在美國人民開闊胸襟（Open Mind）包容之下，自然蓬勃發展，朝野皆有共識，互動非常良好，沒有貪贓枉法的官員，已經造成了公平合理的社會，人民一直過著安居樂業的生活，經濟好壞循環的差別並不顯然。「知識經濟」只不過學者們發現美國1992～1999的整體經濟快速成長，是全民經濟知識水平上升的原因，而在1996年OECD中提出此名詞「Knowledge-Based Economics」，聊表國家的進步而已，並沒有像台灣搖旗吶喊！

十、社論「形式主義作祟，政府推動知識經濟，政治訴求多於經濟考量，口號多於行動，書面文件多於務實作為。」

　　分析：此乃缺乏「科學管理」思維及人文素養的後遺症。

美國的經濟文化，是由科學管理發展到企業管理，如今對「知識經濟」是水到渠成，極其自然，而且已經形成了知識經濟是：

1. 企業家的精神食糧。

2. 勞動者的維他命。

3. 事務官的養樂多。

4. 政務官的尊嚴。

5. 主政者的氣魄。

6. 人民的福祉。

但是在台灣，卻像社論所言，紙上談兵，口號過癮，政治作秀，效果差勁。因為「知識經濟」推動方案於89年8月3日經行政院院會通過，迄今一年有餘，既無下文，也無作為！很可能和台灣Double一樣，畫餅充飢吧！

第七章　獅子心的寓意

　　有一則寓言「一頭獅子領導幾隻羊，可以打敗一隻羊領導幾頭獅。」其寓言就是一位有獅子雄心的人物，領導群倫，一定比一位羊般心腸的人物，領導群倫，容易成功。如果前者再有「知識經濟」的成長，創造及應用，則更是如虎添翼！趙鐵頭不就是典範嗎？

　　筆者讀完《總裁獅子心》暢銷書之後，腦力激盪出：

1. 總裁獅子心＝企管獅子心：因為總裁嚴長壽，除了天生獅子雄心之外，還有企業管理的天份，在當年有利的大環境之下，他憑著「知識經濟」的智慧，很快就成為傑出的企業家，其過程正是「知識經濟」的累積，產生了企管的智慧，令青年學子為爭相學習的對象，因此該書一再再版，目前接近百萬本！可能打破台灣坊間銷售紀錄。

2. 嚴長壽與泰勒媲美：前者憑「企業管理」的天才，從小弟晉升到總裁（From Messenger to Manager）。後者憑「科學管理」的天才，由工人晉升到總工程師（From Labor to Engineer）。前者是正派企業家成功的典範，後者是世界「科學管理」的鼻祖。

3. 原來「科學管理」可以生而知之：以上兩位天才，既未學過「科管」，也沒讀過「企管」，卻都能領導群倫，一馬領先，業績卓越，可見兩管可以生而知之。其他還有王董事長及李大師等都是管理天才。

　　就因為這三點，使作者產生腦力激盪，開始收集資料，大膽假設，小心求證，總算完成拙著，以饗讀者。目的也不過希望大家的舊觀念與新觀念接軌而已。

第八章　知識經濟領袖

　　阿扁總統說「發展知識經濟的願景，是全民參與才能落實的推行，政府要統合全國資訊和知識網路，讓全民最低廉便捷使用，迅速掌握先機。政府組織也要符合知識經濟潮流，從消極防弊，轉為改革興利。」這是一篇言之有物的說詞，值得分析說明如下：

一、發展知識經濟的願景：

　　「知識經濟」的願景，不外乎國泰民安，安居樂業，社會倫理。陳博志主委說過「知識經濟，就是要提升人的品質，建立公義公益的社會。」否則「知識經濟」價值何在？

二、全民參與：

　　美國於1960年代泰勒（Taylor）創作「科學管理」之後，迄今人民已習以為常，朝野對企業管理皆有共識，因此朝野互動良好，彼此尊重，自然走入「知識經濟」之路。台灣要想全民參與，必須向美國看齊，不但要從「科學管理」學起，「企業管理」落實，而且要由政務官以身作則，形成社會倫理風氣，自然就走向「知識經濟」之路。

三、落實方案的推行：

　　交通大學周昌弘副校長說「知識經濟，是透過科學與教育的過程，來提升人民的知識水準，以創意的知識，帶動經濟發展。」可見要落實科學管理的教育過程，方可走向

「知識經濟」之路。

四、統合全國資訊：

在今日知識爆炸（Knowledge Explosion）的時代，政府有義務先將資訊加以分門別類，再經過處理與統合，成為可用的知識，公告週知，讓需要者迅速掌握先機。

五、政府組織也要符合知識經濟潮流：

「知識經濟」的目的，就是在求事事都要經濟合理，尤其是政府組織，否則，不是冗員多，就是養起蚊子，浪費公帑，還算「知識經濟」嗎？

六、防弊興利：

「科學管理」有防弊的作用，「企業管理」有興利的功能，「知識經濟」兩者皆有。所以阿扁說「台灣沒有夕陽產業，只有夕陽管理。」可見管理技術的重要性，不言可喻。尤其在阿扁政府狀況百出的現在，就是管理不善的證明，政務官不惡補「科學管理」和「企業管理」何以從善如流！高唱「知識經濟」，又有何用？再說沒有品質管制，又何來品質保證呢？難道阿扁總統指桑罵槐，還不夠嚴重嗎？非要讓阿扁挑明說「台灣沒有夕陽政府，只有夕陽管理」嗎？

第九章　知識經濟乃大學之道

　　大體而言，美加在三權分立的政治生態之下，及重視人文教育觀念之下，人民精神生活的品質，早就止於至善的境地。尤其是小學教育，特別重視「德智體群」，塑造成人人有德性，個個有禮貌，社會一片祥和，人與人之間，彼此友善相待，這不是止在於善嗎？星雲說：「善友第一親」，就是這個意思！這種情景，閉起眼睛也想得到，全美國人民都以明德親民習以為常，這難道不是大學之道的實踐嗎？我們回想一下，台灣在經濟奇蹟時代及以前，社會不也是人人明德親民止於善嗎？只是前者持之以恆，我們半途而廢而已。因此陳博志主委一再強調「知識經濟，在提升人的品質，建立公義公益的社會」，這難道不是大學之道嗎？公義公益的社會，難道不是止於至善嗎？提升人的品質，難道不是明德親民嗎？

　　既然「知識經濟」是大學之道，也可以說大人物學習之道，孟子曰：「大人者，不失赤子之心者也」，大學者是我國自古相傳做人做事最根本的道理。則政務官為什麼不以身作則，以明德親民止於至善的行為，領導群倫呢？主政者更應當如此！否則高唱「知識經濟」，又有何益？

　　如果以「經濟」為縱座標，以「知識」為橫座標，似乎容易為國家生態定位，以便大家有自知之明：

経濟（經世濟民）

第二象限　　第一象限

知識（知止在於善）

第三象限　　第四象限

「解盤」：

第一象限：縱座標是正數，橫座標是正數。

　　　　　表示太平盛世，如台灣經濟奇蹟年代。

第二象限：縱座標是正數，橫座標是負數。

　　　　　表示社會風氣是富而不義，如國庫通黨庫，掏空資
　　　　　金，及惡性倒閉等不正常的時代！

第三象限：縱座標是負數，橫座標是負數。

　　　　　表示貪贓枉法，人心敗壞，社會紊亂，經濟蕭條，
　　　　　資金外流。竟然出現陳才女所說的惡性循環「債留
　　　　　台灣，錢存香港，廠開大陸」的時代。

第四象限：縱座標是負數，橫座標是正數。

　　　　　表示經濟雖然衰退，社會大眾人心振作，朝野互動良
　　　　　好，彼此都有誠信，因此全國上下都能共體時艱，安
　　　　　貧樂道，回到第一象限，是指日可待。像世界第一次
　　　　　能源危機時，正是台灣經濟成長初期，受到的衝擊很
　　　　　大，很多工廠歇業，失業勞工眾多，正因為當年政治

安定，民風純樸，朝野從善如流，而勞工大眾多從農間出來，逢此經濟不景氣，大家既不怨天，也不尤人，他們從那裡來，自動的回到那裡去，毫無影響大家的安居樂業。如今回憶起來，那是國家多美好的「明德親民止於善」本土化的時代！

由此座標盤可以理解，國家生態的定位，可以在第一象限和第四象限兩者之間遊走，這樣定位對蒼生才有意義。再循規蹈矩的走「知識經濟」之「大學之道，在明明德，在親民，在止於至善」，國家豈有不國泰民安之理乎？

其實古代的「大學之道」，就是現代的「科學管理」，真是「天下之大，理一而已」，也是無巧不成書，分析如下：

一、主旨：

大學之道，在明明德，在親民，在止於至善。

科學管理，在窮理明德，在經濟合理的安排，在止於至善。

二、方法：

兩者相同：知止而後后能定，定而後后能靜，靜而后能安，安而后能慮，慮而后能得。物有本末，事有始終，知所先後，則近道矣。

三、實例：

1. 大學之道實例：古之欲明明德於天下者，先治其國；欲治其國者，先齊其家；欲齊其家者，先修其身；欲修其身者，先正其心；欲正其心者，先誠其意；欲誠其意

者，先致其知；致知在格物。物格而后知至，知至而后意誠，意誠而後心正，心正而后身修，身修而后家齊，家齊而後國治，國治而后天下平。如堯舜。

2. 科學管理實例：由科學管理而發展出的工具書有企業管理、物料管理、生產管理、行銷管理、工業管理，以及行政管理等，皆給人類政治與經濟帶來莫大的效益。如英美。

四、結論：

兩者又是一樣。

1. 大學之道：自天子以至於庶人，壹是皆已修身為本。本亂末治否矣。其所厚者薄，而其薄者厚，未之有也。

2. 科學管理：自總統至人民，皆以修德養性為本，本亂國不亂，乃絕無可能。所以修身大於治國，否則不修身而治國，國家一定是亂象叢生。因為有德此有人，有人此有土，有土此有財，有財此有用，德者本也，財者末也。所以科學管理的定義，簡而言之就是「明德窮理」，明德者本也，窮理者末也。知所厚薄，則近科學管理之道矣。

第十章　知識經濟是生活的力量

　　大家都知道知識就是力量（Knowledge Is Power），此乃指生活的力量，「知識經濟」也不例外，因為正常人的生活，不知不覺在受自己「知識經濟」的力量所推動，「知識經濟」越豐富，則生活動力越強，人生也會多采多姿。在此按食衣住行育樂，正常人生活各舉一例，以便讀者舉一反三：

一、食——以麥當勞為例：

　　麥當勞之所以可以普及全球，乃由價廉物美，迅速簡便，環境怡人，不下車也可以購物，這些賣點都是創業者「知識經濟」的智慧設計，尤其行銷、生產及物料供應的制度，純屬科學管理和企業化的經營。目的在造福人群，為社會大眾「安居樂業」貢獻心力，因為在加國的麥當勞，每週三、日皆有更廉價漢堡，專供貧者享受。

二、衣——以SIZE為例：

　　在今日工商發達的社會，量身訂做衣服者，幾乎是稀有動物，絕大部份人士都到公司專櫃，按自己身材的size，精挑細選，依標價付款即可。這麼簡便的交易，也是企業家「知識經濟」的智慧傑作。

三、住——以購大廈為例：

　　現在購大廈者，早就學會「精挑細選」，殺價更是高手，因為大家都知道，當前是買方市場，買者平常所累積的「知識經濟」正好派上用場。

四、行——以29,999元洛磯山脈九日遊為例：

平常由台北到溫哥華的機票就要25,000元，旅行社為了淡季促銷，竟然以超低價招攬客人。因為九日遊吃住玩樂，怎麼算都要虧本，但「旅行家」旅行社，每週出團一次，皆為客滿。經查訪之後，方知該社經理「知識經濟」頭腦靈活，以「淡季不賠，就是賺（工錢）」的經營理念，說服航空公司、加拿大旅館、飯店及遊覽車業者一律以成本價承銷，結果精算出30,000元為底價，為了廣告效果，改為29,999元。別小看這一元之差，卻給消費者帶來莫大的錯覺，總認為兩萬起頭要比三萬收尾來得便宜。可見「知識經濟」無所不在，無時不有，有智慧者可以就地取材，隨機應變，但是必先有「科學管理」的基礎，因為此乃「知識經濟」之母。

五、樂——以電視為例：

電視是「知識經濟」最大教育的來源，筆者偶然看到白頭鷹有「知識經濟」靈性的實景：在一個荒野地方，有沙地，也有石堆，天上飛兩隻白頭鷹，其中一隻嘴唧獸骨一根，從空中丟下，落在沙堆上，完整無缺。接著該鷹俯衝而下，又將骨頭唧起飛向天空，並一再盤旋，等到對準地面石堆時，即刻鬆嘴丟下，結果骨頭與石頭急速相撞，斷成四截，分散各地。這時該鷹飛落地面，將四截骨頭收集在一起，獨自享受骨髓大餐，真是寓教於樂。

六、育——以傳道，解惑及授業順序而言，其教育的宗旨：

1. 傳道：傳授學生要有生活倫理道德，加拿大小學六年教育重點就在於此，所以人人彬彬有禮，和善可親。

2. 解惑：學生就是因為懵懵懂懂，才上學拜師解惑，如果老師專給參加其補習班者解惑，實在是誤人子弟。

3. 授業：學生各有天份，各有興趣，應該因才施教，為國家培養人才為責任。

這才是政府正常教育體系，是樹人的百年大計，教育部有這樣規劃嗎？如果達不到陳博志主委所說「知識經濟，在提升人的品質，建立公義公益的社會」，則就是教育一敗塗地，因為正面的「知識經濟」沒有生活化，談「知識經濟」的發展，也不過虛有其表，不是嗎？

如果大家不健忘的話，台灣人民五十年來，怎麼被「知識經濟」力量推過來生活的嗎？

第一個力量是勞力密集。

第二個力量是資本密集。

第三個力量是技術密集。

如今此三者力量合成為「知識經濟密集」＝「知識經濟」。

第十一章　知識經濟是台灣的希望工程

　　何謂「希望工程」呢？簡單的說，就是這一代的人物，為下一代做好幸福的工程，宛如前人種樹，後人乘涼，也可以說「先天下憂而憂，後天下樂而樂。」就像上一代趙鐵頭等的努力，創造經濟奇蹟的工程，而使這一代豐衣足食，享受現代化的物質文明生活。「希望工程」這個新名詞，還是來自當年小黑赴大陸西北，看到偏遠鄉間的小學校，是清朝的房子，國民黨的桌子，共產黨的兒子。令他一陣鼻酸，則一口氣認養了十所小學，傳到台灣教育界，美其名為「希望工程」。

　　台灣政黨輪替之後，也出現了類似的現象，就是總統府是日本人的房子，國民黨的桌子，民進黨的兒子。希望工程，就是「綠色執政，品質保證」：

1. 李博士所說的「希望新政府打造出公平合理的社會」。
2. 施先生所說的「少一些說話的政客，多一些仁民愛物的政治家」。

　　四年之內執政黨能將這兩項希望工程完成，不但這一代人民能夠安居樂業，政府也能政通人和，就是國家形象，也會清新可愛，還怕下一代子孫不會幸福嗎？阿扁總統還擔心不會連任嗎？由此可見「希望工程」靠智慧，智慧靠「知識經濟」的知識累積，因此「知識經濟」是台灣的希望工程，誠非虛言！因為當年美國柯林頓總統形容「知識經濟」有三個特性：

1. 新經濟的根源在科技：台灣科學園區就是科技的大本營，對整體經濟的發展，已經有莫大的效益。可惜政府沒有用「管理科技」配合不上新經濟的發展，因為科技分為生產與管理，兩者相輔相成。

2. 發展與增長在創意：台灣經濟能夠快速發展與增長，全靠民間的發明家、創新者以及經營者等共同的努力，只要政治安定，社會安全，水電不缺，以及政府協助，依然可以有更多的創意出現。

3. 動力在企業家精神：台灣就是有很多企業家，在發揮創新的精神，才產生經濟繁榮。只因現在國家政策不明，企業家精神不寧，而動力下降，停工上升，造成經濟不斷下滑，失業人數越來越多。顯然企業家如果沒精神，國家也就令人感到「有氣無力」。

由於柯林頓所說的「知識經濟」三個特性，在今日台灣已經無特性可言，政府更應當運用「知識經濟」的力量，挽救狂瀾，因為主政者是最大的企業家。應該有鎖定「知識經濟」是台灣希望工程的智慧。

第十二章　宏觀思考

知識要宏觀，學問要思考

第一節　文化與文明

文化與文明，乃大不相同，文化可以低俗、貪婪，甚至於無恥，但是文明必須去蕪存菁，首先要公平合理，當然也要合情合法。所以陳博志主委說「知識經濟，在提升人的品質，建立公義公益的社會」，就是要將社會文化，提升為社會文明，讓大眾過文明的生活。

以小車禍為例，在台灣社會一般情況，雙方駕車者怒目相視，口不擇言，搞不好來個拳打腳踢，此乃司空見慣的社會文化。但是同樣發生在加拿大就大不相同，雙方駕車者，和顏悅色，關懷第一「Are you OK?」此乃習以為常的社會文明。

憑心而論，台灣在日據時代，社會相當文明，敦親睦鄰，守望相助，路不拾遺，民風純樸，彼此關懷，見面第一句話就是「你吃飽沒？」心腸之好，感動天，鮮少天災人禍，一直延到台灣經濟奇蹟年代，依然社會保持文明。後來大家富有了，社會文明反而開始往下沉淪，一直到現在，倫理喪失，亂象叢生。追究原因，原來是政治文化領先低俗。議壇上作秀者，罵人者以及打架者，經常出現。但在加國議會中，就是有議員抗議，也不過用手輕拍桌而已。可見政府是社會文明的火車頭，政治人物及領導者，如果不率先以身作則，提高行政品質，帶

動社會文明的風氣，則發展「知識經濟」，如同犬吠火車！

第二節　國家與政府

　　國家與政府，大不相同，國家是全體人民的，政府只是一個機關，專門為人民服務而已。人民有政權，政府有治權，人民用選舉權，所選出來的總統，是約聘他籌組政府，為民服務，成績好可以連選連任一次，否則就下台。就像美國真正民主政治，總統下台，從不拖泥帶水，在三權分立之下，他也不敢玩假的，否則照樣受到司法制裁，如水門案。

　　可見政府不等於國家，國家是人民在作主，並選出議員監督政府，委託司法管制政府，總統只是人民的公僕，這才是真正民主政治的精神。尤其總統必須對國會負責，否則就是假民主之名，行獨裁之實。台灣的雙首長制，就是總統有權無責，行政院院長是有責無權。因此總統就誤認為政府就等於國家，可以為所欲為。這種假民主的體制，不管總統是何方神聖，都埋下政治亂源的引線，隨時隨地都可暴發，就像現在的政壇，沒有一天安寧過！毛病出在那裡呢？就是「有權無責」，孔子曰：「名不正，則言不順；言不順，則事不成；事不成，則禮樂不興；禮樂不興，則刑罰不中；刑罰不中，則民無所措手足」，這就是治國演繹法的邏輯。

第三節　大陸政治文明論

　　江澤民認為在「建設有中國特色的社會主義，發展社會主

義市場經濟」的過程中，要堅持不懈地加強「社會主義的法治建設」，依法治國。要堅持不懈地加強「社會主義的道德建設」，以德治國。而法治屬於政治建設，屬於政治文明。德治屬於思想建設，屬於精神文明。將「政治文明」與「精神文明」，作為一個對立統一體，相提並論。

這段言簡意賅的宣言，對人類而言，是最有價值的「知識經濟」，因為「知識經濟」的宗旨，也不過如此，所謂「止於至善」，這才是真正的「知識經濟」領袖的思維，正如同陳博志所說的「知識經濟在提升人的品質，建立公義公益的社會」，這也就是世界各國所實行的社會主義。只不過大陸鄧小平與江澤民堅持不懈在推動而已，因為這是「知識經濟」領袖的責任。

一、有中國特色的社會主義：

　　在世界上的中國特色，就是中國五千年的倫理道德文化，足以代表的中國特色，就是「大學之道，在明明德，在親民，在止於至善」，因為此乃放諸四海都皆準。例如英美法加等國家，政黨不管怎麼輪替，始終是長治久安，原因就在他們早有公平合理的社會，精神文明早就止於至善，明德親民一直是人民的習以為常，這不就是大學之道嗎？大陸以此方向改革開放了20年，效果非凡。這也證明范光陵博士所說的「方向重於努力，觀念重於機器」，誠非虛言。再加上江澤民「以德治國」及「以法治國」的理念，中國一定長治久安，則對世界和平也有莫大助益。

二、社會主義市場經濟：

社會主義就是公平合理的社會，市場經濟就是按照市場供需機能，自由的生產與貿易，不再受計劃經濟的控制。因此大陸經濟成長較快，吸引世界各國廠商，前往投資，尤其是台商最有興趣！

台灣原來的三民主義就是標準的社會主義，所謂「民族、民權、民生」都平等，可惜李登輝當上總統之後，不但放棄三民主義，倫理道德，以及國之四維，而且實行的還是假民主——總統權責不平等，害得政黨輪替後，亂象叢生，民不聊生，官也不聊生。由此可見：

政治文明＞政治文化

精神文明＞物質文明

以德治國＞以法治國

如果「知識經濟」領袖，沒有這三者思維，則一切努力，皆成畫餅！所以政治人物及政治領袖，都要不斷的修身向學。曾子曰：「士不可以不弘毅，任重而道遠。仁以為己任，不亦重乎？死而後已，不亦遠乎？」

第四節　天賦人權

天賦人權，乃自然法則的核心價值，也是「知識經濟」的催化劑，更是民主時代的基本人權（Human Right），大致來說，天賦人權有三個，別讓自己的權利睡著了！

一、生存權（Live Right）：

人的生存乃天賦人權，不但受自然法則的呵護，而且也受法律的保障。所以人民的「安居樂業」，是現在民主政治制度之下的基本生存權利，也是執政者的基本義務。美國一向重視人權，就是先保障國內人民安居樂業，再為世界各國人民爭取生存權，尤其對共產黨的國家。布希總統最近還呼籲「人類的貧窮是不合理的」，貧窮是生存的危機，人人有解救貧者的惻隱之心，以維護人類共同的生存權。江澤民最近說了一句省思的話「有糧食才有自由」，先要把大陸12億人口生存問題解決，再談自由人權。台灣近來是自由有餘，生存不易，李大師說「民不聊生，官不聊生」，能說不是違反了自然法則的天賦生存權嗎？

二、自由權（Freedom Right）：

詩曰：「生命誠可貴，愛情價更高，若為自由故，兩者皆可拋」，此乃表示自由也是天賦人權。執政者有義務善加維護人民的自由權，英美法加等國家的自由權，早就止於至善。回顧台灣近十多年的自由，卻在領導者的濫用之下，亂修憲法，丟棄三民主義，黑金共治，打破倫理，如此自由的把國家弄成爛攤子，讓接棒者難以兌現「綠色執政，品質保證」的承諾，這種損人利己的自由，也算是天賦人權嗎？

三、平等權（Equality Right）：

三權絕對獨立，才算平等的民主政治，如今只有英美法加等國重視人權，才有資格說「法律之前，人人平等」。那

像台灣在搞假民主，三權從未獨立過，再來一套總統有權無責，行政院長有責無權的雙首長制，兩者自己的權責都不平等。

第五節　分解知識經濟

經過前面林林總總的「知識經濟」的知識和學問，再回過頭來分解「知識經濟」，豈不是學而時習之，不亦悅乎？

1. 知：知者知止在於善也，知的目的在於善，才有價值，如知人善用，知足常樂，尤其是「知之為知之，不知為不知，是知也」，更是「知」字的品質，此乃良知也！真知也！

2. 識：識者辨別也，辨別知的善惡也？是非也？好壞也？如孟子所說的「惻隱之心，仁之端也，羞惡之心，義之端也，辭讓之心，禮之端也，是非之心，智之端也。人之有四端也，猶如其有四體也。」可見這四端，就是知的開始，其辨別的能力，是人灼見的良能。國君能善用此良能，如孟子說仁者，足以保國安民，其力量之大，就可想而知！

3. 知識：知識者就真知灼見也，人之四端也，良知良能也，孟子說仁者，大則可以足保四海，小則可以足事父母，因為「知識就是力量（Knowledge is power）」。

4. 經濟：經濟者乃「經世濟民」也。

5. 知識經濟：知識經濟者乃真知灼見的「經世濟民」也。如「提高人的品質，建立公義公益的社會」，就是「經世濟民」的真知灼見，有知識也！

第十三章　美國為何不提知識政治呢？

照理說，政經難分，美國既然創新出「知識經濟」，為何不一併推出「知識政治」呢？其原因有二：

一、美國本身政治生態，已經止於至善：

世界上最好的民主政治，以美國為首的總統制，及以英國為首的內閣制。所謂「止於至善」，乃三權分立的精神，早就深入人心，成為政治遊戲的規則，如此法治的民主政治，人民還何以求，這難道不是「止於至善」嗎？

二、自由經濟全球化：

布希於2001年7月17日赴八大工業國家領袖會議之前，在華府世銀年會中演說，強調美國及其友邦的共同目標，是維持和平，促進繁榮，追求國際的均衡，支持自由大業，建立更好的世界。建議世銀與各國重要金融機構，應增加以教育為重點的經援，代替對貧窮國家的貸款，並建議八大工業國，預先要有共識，貧富不均是不合理，富國是否應該為窮國施出更有力的援手？這才觸及經濟問題的核心。所以全球化使各種資源，得到充分利用，有助經濟振興。經濟如果一旦衰退，最先而又受苦最多的，必然是貧苦無告的窮人。

由此可知，由於美國政治生態已經止於至善，經濟一向領導全球，為了世界和平，只要將全球整體經濟搞好，教育貧窮

國家人民「知識經濟」成長，應用與創造，提升經濟效益，消除貧窮，好在今日世界貧窮已經大幅縮小，僅剩餘非洲一地，只要八大工業國家領先發展「知識經濟」，為世界整體經濟群策群力，消除非洲貧窮，指日可待。但是其過程非常辛苦，這次在意大利熱那亞舉行八大工業國高峰會議，就有來自世界各地五萬人示威行動，但是勇者不懼的布希告誡那些示威者行動「勢必傷害了窮人」。可見美國為了世界和平，皆以經濟掛帥，談政治乃屬多餘！

第十四章　知識政治卻是台灣當務之急

　　首先要將「知識政治」加以定位，簡單的說，就是先聖孔子曰：「大學之道，在明明德，在親民，在止於至善。」何以見得，因為美國民主政治生態就是如此，由於三權絕對獨立，就顯示出朝野對「明德親民」，早以習以為常，讓民主政治生態，早就走到了「止於至善」，由下面兩點，就可以看出：

一、朝野始終互動良好：

　　朝野從來沒有爭權奪利，總統從未表現過氣急敗壞。任何政策或法案，經過聽證、辯論及表決，即可定案，根本用不著作秀、罵人或打架。

二、社會早就公平合理：

　　因此美國早就做到了「法律之前，人人平等」，人民只要循規蹈矩，按時納稅，就可以享受社會福利，退休後即可領取養老金。

　　就這兩點，足以證明美國的政治生態，早就「止於至善」，能說不是大學之道嗎？

　　反觀台灣的政治生態：

一、朝野互動良好嗎？

　　從郭正亮教授批評政壇「政治人物在比爛」，就是證明朝野互動不良。費邊社作家說「承受台灣意識資產的新政府，執政至今，經驗不足，路線不明，能力不足，台灣主

體性反而因其執政而益形萎縮。北京併台所推出的一國兩制，支持度反而空前高漲。而阿扁總統光喊『台灣人，站起來』，就沒看到新政府站起來。」可見在朝者本身就互動不良，遑論朝野乎！

二、社會公平合理嗎？

從產官學三大人物之言，就可以看出端倪！

1. 張忠謀七十壽宴中，有四個許願，其中第三個是希望台灣真正是永續經營，公平正義，安和樂利的地方。

2. 陳博志主委說：「知識經濟，在提升人的品質，建立公義公益的社會。」

3. 李遠哲博士說：「希望新政府打造出公平合理的社會」。

可見台灣產官學界及人民多麼渴望公平合理的社會呀！

「公平合理」就是「止於至善」，提高人的品質，就是培養大眾都有「明德親民」的氣質，因此，「知識政治」乃台灣當務之急，只不過「知識政治」與「知識經濟」異曲同工罷了！

第十五章　美國是知識經濟的搖籃

　　美國是「科學管理」的創始者，「企業管理」的實踐者，如今自然而然就是「知識經濟」的搖籃者，造成美國朝野政治人物胸襟開闊（Open Mind），願為人類造福，貢獻心力，讓各國和平共存，走向世界大同，這才是「知識經濟」的真諦。

　　既然個人生活靠「知識經濟」，當然「知識經濟」與社會生計息息相關，與國家生命息息相關，同時與世界整體生存也息息相關。如今只有美國人有這循序漸進的宏觀作為：

一、個人的生活：

　　只要人民按時納稅，年老退休，政府給予生活費，保證老有所終。

二、社會的生計：

　　在既有公平合理的社會上，政府不斷在規劃社會福利，及經濟建設，主動讓人民生活品質提升，責無旁貸！

三、國家的生命：

　　經濟是國家的命脈，任何其他國家不得侵害，否則以301條款伺候。

四、世界整體生存：

　　世界和平，要靠各國之間貧富不得懸殊太大，否則容易產生亂源。尤其在19世紀末到20世紀，資本主義與共產主義強烈的對峙，就是「知識經濟」認知的差距。前者強調「剝削勞工，集中資本」的知識經濟觀念，後者強調「解

放勞工，清算資本」的知識經濟觀念，鬧得世界百年不得安寧，如今資本主義的惡習已經消聲，共產主義惡鬥也就匿跡，大家都走向自由的社會主義。還是美國有遠見，二次世界大戰後，即刻成立聯合國，並推出一系列的國際知識經濟組織，如WTO、APEC，及OECD等，帶動世界整體經濟的活動，已經保持了半個世紀的世界和平，等到台灣與大陸都進入WTO之後，讓國際間「貨暢其流，物盡其用，地盡其利，人盡其才」，世界很可能就此永久和平下去，能說美國不是「知識經濟」的搖籃嗎？

第十六章 錢七點是知識經濟的成長與應用

大家公認台灣主流民意，乃既不急統，也不急獨，而是「維持現狀」。錢其琛為了再度行銷「一國兩制」，而提出「錢七點」做廣告，就是以「維持台灣現狀」者為對象；但是仍有漏洞可尋：

1. 繼續使用台幣：台幣乃中華民國台灣省台灣銀行所發行的貨幣，由於此乃地方貨幣，所以正合一國兩制，但是台幣上的中華民國年號，錢先生敢維持嗎？

2. 繼續維持軍隊：台灣的軍隊任務，就是為保衛中華民國，如果一國兩制，維持軍隊，意義何在？

3. 單獨開稅區：兩岸不久都要進入WTO，關稅將要大幅萎縮，單獨關稅區，也不具意義！

4. 繼續維持政府架構：如果一國兩制，總統府都不存在，遑論維持政府架構！

5. 不拿台灣一分錢，不動台資：台商不斷在大陸投資，目前約300億美金，一旦三通，大型企業必用巨額資金在大陸掌握商機，還用得著對方來拿一分錢嗎？

6. 人民、企業保有財產：大陸自20年前改革開放開始，就允許人民可有私有財產，此項對台灣人民而言，了無新意。

7. 人事自主，不派官到台灣：如果一國兩制，台灣只有地方領導人，由大陸官方在台灣政治人物中欽點，還需要派官到台

灣嗎？

　　以上「錢七點」雖然漏洞百出，但是比「江八點」有行銷市場，這就表示對岸「知識經濟」在成長、創新與應用。何以見得，從江澤民最近發表三個堅持之一「堅持科學的理論」，就可看出「科學管理」是大陸政經起飛的驅動力，因為「科學管理」是「知識經濟」之母，如今錢其琛能夠想出以上七點，表示他的「知識經濟」也在成長、應用與創新。

　　台灣執政者，應該也從「知識經濟」成長、應用及創新，與大陸官方一論高下。否則光用政治訴求，如「匪夷所思」，「錢其琛不瞭解台灣2300萬人民的想法」，「將台灣香港化」，以及「無理的鄰居」等，恐怕於事無補吧！尤其陸委會企劃處處長詹志宏，反問錢其琛「如果我們提出一樣條件，諸如讓大陸繼續用人民幣，保留解放軍等，他們會同意嗎？」這個反問有價值嗎？

第十七章　科學管理可以化解台灣危機嗎？

德國社會大師哈伯瑪斯，歸納國家的危機有四類：(1)經濟危機；(2)理性危機；(3)合法性危機；(4)動機危機。不幸，這四類危機，目前一起籠罩在台灣一片天空，搞的烏煙瘴氣，正如同李大師形容的「民不聊生，官不聊生」。唯一能夠化解台灣四大危機者，莫過於「科學管理」也。

一、經濟危機：

台灣經濟危機了一年多，阿扁才想起召開經發會，好不容易有了「積極開放，有效管理」的共識，政府不去執行，阿扁反而又在作秀：「我在今年元旦就宣示過，以積極開放，有效管理，取代戒急用忍，如今終於得到經發會的共識，我很欣慰。」但是政府空轉了八個月，他卻不說「我很慚愧」?!

科學管理：計劃→執行→管制，這是科學管理的循環，如同汽車引擎的衝程（Cycle）。

1. 計劃：法國工業專案費堯（Fayal）說「計劃是各項預測的整合」，試問目前台灣對大陸計劃（即政策）在那裡？對各項預測究竟整合過沒有？

2. 執行：有效管理就是有效執行，試問在沒有大陸政策之下，有效管理（執行）什麼東西呢？蔡主委應該清楚，無計劃有執行＝冥行，有計劃無執行＝妄想。

3. 管制：戒急用忍與積極開放，均屬管制，前者依照國統綱領政策，加以叫停的管制。後者根本沒有新政策，如何加以管制呢？可見「積極開放，有效管理」可能又是畫餅充飢，遑論「拼經濟」呢！

二、理性危機：

戒急用忍在經發會鬆綁時，李登輝反對，呂秀蓮反對，吳乃仁扯淡「鬆綁戒急用忍，未見諸經發會的文字」。各有一把號，各吹各的調，這不是理性危機嗎？拼經濟有用嗎？

科學管理：科學管理與窮理明德，乃一體的兩面，前者是技術，後者是精神，兩者皆是政治家必備的條件。否則理性從何而來？

三、合法性危機：

停建核四違反憲法，阿扁為救企業願下跪，觸犯環保法，張俊雄打梁肅戎，觸犯傷害法，雙人枕頭，觸犯重婚法。這些上樑不正下樑歪的示範，當然違法亂紀的官員比比皆是，作奸犯科者層出不窮，結果就是亂象叢生！

科學管理：科學管理的定義，就是窮理明德經濟合理的安排。試問，今日執政團隊都有「窮理明德」的素養嗎？辦事都能作經濟合理的安排嗎？十多年來台商不斷移往大陸，就是因為大陸政治穩定，經濟起飛。造成這有利投資的環境，乃其領導人江澤民團隊，堅持「以科學理論建

國」，「以法治國」及「以德治國」的績效。反觀台灣十多年來，連李遠哲都大嘆政治與文化不斷往下沉淪。

四、動機危機：動機危機，是來自居心叵測。

1. 認同感：民國38年，蔣中正帶來黃金六千萬兩，國軍六十萬，保護台澎金馬六百萬人民生命財產。半個世紀後的今天，通婚已經到了第六代，竟然還有認同台灣的問題？試問這不是居心叵測嗎？動機險惡嗎？

   科學管理：政治家的修養，就是「窮理明德」，理念就是「科學管理」。目的在造福人民的安居樂業，領導文武百官政通人和。可惜領導者都沒做到，何來像阿扁所說「近者悅，遠者來」呢？

2. 本土化：所謂「台灣本土化」，乃指人民生活文明化，如民風純樸，社會祥和，家庭倫理，經濟穩定，以及政治安定。比較起來，在台灣經濟奇蹟年代往前推，就是優良本土化的歲月，尤其日據時代更為凸顯！後來李登輝主政了12年，台灣整體文化，只要像李遠哲所說的往下沉淪，則如今他就是台灣本土化之父，因為孔子說「政者正也，子帥以正，孰敢不正！」否則拼老命，喊本土化，似乎有點像孔子所說的「君子不重，則不威！」

   科學管理：其定義就是窮理明德的經濟合理安排。試

問，李登輝主政12年，是在經濟奇蹟之後，他有窮「經濟穩定」之理嗎？他有合「安居樂業」之德嗎？否則何以被稱為爛攤子呢？再加上孔子所說「巧言亂德，小不忍，則亂大謀」的阿扁總統，搞出李大師所說的「民不聊生，官不聊生」悽慘局面！本土化早就面目全非！喊口號於事無補！如果還想藉此作為鞏固大多數票源的工具，則動機可疑，如此不但「名不正，言不順，事不成」，而且還如孟子所說「天子不仁，不保四海」，豈非得不償失乎？

3. 民主化：Democracy is the government of the people, by the people, and for the people.民主化就是政府的資源，乃全民所有，政府的運作，要受全民監督，以及政府企業化經營的效益，乃全民共享。以此來檢驗過去主政12年的李登輝：

(1)民有（Of the people）：他當黨主席時，黨產在劉泰英有效經營之下，黨產膨脹的特別快，是否國庫通黨庫，不得而知，連黨員都沒有份，遑論全民乎？即大部份貧者，不像美國都有養老金可得。

(2)民治（By the people）：他有權無責，誰還制得了他？與美國總統向國會負責，相比之下完全走樣！

(3)民享（For the people）：在文化低俗，政治紊亂，經

濟犯罪，以及社會不安的年代，全民過著擔心受怕的
日子，遑論民享乎？與美國相比，不能同日而語。
由此可知，以美國而言，台灣的民主化，似乎是假鳳虛
凰。連阿扁總統說話前後不一，早先說雙首長制，後來
說總統制，最近又說過是「台灣制」。如此沒有信心，
又怎能對洋人說「台灣是大陸民主化的燈塔」呢？難道
希望江澤民實行「有權無責」的雙首長制嗎？

科學管理：科學管理的循環，就是民主政治正常的運
　　　　　作。所謂：

　　　　　(1)立法＝計劃

　　　　　(2)行政＝執行

　　　　　(3)司法＝管制

　　　　　焦點在總統「有權有責」，三權才能發揮互
　　　　　相制衡的力量，自然走向美國真正的民主
　　　　　化。

　　　　　其實早八百年孟子就看出今日治國者的心
　　　　　態，他特別給予教導「一黨仁，一國興仁，
　　　　　一黨讓，一國興讓。一人貪激，一國作亂，
　　　　　其機如此。此謂一言僨事，一人定國。堯，
　　　　　舜帥天下以仁，而民從之，桀，紂帥天下以
　　　　　暴，而民從之。其所令反其所好，而民不
　　　　　從。是故君子所藏乎身不恕，而能喻諸人
　　　　　者，未之有也。故治國在齊其黨。」這就是

科學管理中的行為科學，也可以說是自然法則（Physical Law）。

由上可知，「科學管理」是消除四大危機唯一的「正」統方法。孔子曰：「政者正也，子帥以正，孰敢不正！」

第十八章　結論

大家一定先要認識清楚，「知識經濟」的主旨就是陳博志主委所說的「在提升人的品質，建立公平正義的社會」，就是這麼簡單。政治人物辦得到者，就是政治家，否則只能算是政客而已！

可見：三權不能獨立，爛雙首長制，皆是政客自取自辱的敗筆！因此造成半個世紀以來，政治不安，經濟下滑，正如同李敖大師所說的「民不聊生，官不聊生」，不補習「知識經濟」，必然窮途末路！

何以應急解套？只有淨空法師所強調的「因果教育」，方可挽回狂瀾！所謂「禍福無門，唯人自召，因緣果報，如影隨形」。何況：佛是教育，修行第一，「戒定慧」修，「貪嗔癡」息！破迷開悟，知識經濟，人本在佛，在於皈依，違者痛苦，悟者安逸。宮廷門中，修行容易，知識經濟，品味第一，修持不懈，利人利己，國泰民安，仲生歡喜，風調雨順，蒼天疼惜。

再說下去，不可思議，一人出生，萬佛扶持，心念不正，魔來佛去。為非作歹，貪官污吏，輕者減壽，重者自斃，不分貧富，不論高低。回頭是岸，知識經濟，經世濟民，明德窮理，恆順眾生，科學管理，佛氏門中，有求必給！

可見宗教的宗旨，在於淨化人心，提升品質，建立公平正義的社會，大家都有好日子過。因此各種不同的宗教，皆是

「知識經濟」的代言，不可充耳不聞！

　　因此：「知識經濟」要開懷（OPEN MIND），容納百川如大海。知識能創「經濟」興，經濟考驗知識才，先存「窮理明德」心，「科學管理」智慧開。能做「經世濟民」事，眾生安居國安泰。宮廷門中好修行，善度眾生功德快。「知識經濟」在於學，「窮理明德」修得來。「經世濟民」在治國，政治人物別要賴？

附錄
知識經濟發展方案

Knowledge-based Economics

行政院經濟建設委員會

中華民國八十九年八月三十日

行政院第二六九六次院會通過

壹、背景說明

　　近代經濟的發展，來自於生產力長期的累積增加；生產力長期持續增加的原因，即來自於知識不斷的累積與有效應用。近十年以來，由資訊通訊科技所帶動的技術變革，已徹底改變了人類生活與生產的模式，在二十一世紀也將成為影響各國經濟發展榮枯的重要因素。

　　一九九六年「經濟合作開發組織」（OECD）發表了「知識經濟報告」，認為以知識為本位的經濟即將改變全球經濟發展型態；知識已成為生產力提升與經濟成長的主要驅動力，隨著資訊通訊科技的快速發展與高度應用，世界各國的產出、就業及投資將明顯轉向知識密集型產業。自此而後，「知識經濟」即普遍受到各國學者與政府的高度重視。

　　所謂的「知識經濟」，就是直接建立在知識與資訊的激發、擴散和應用之上的經濟，創造知識和應用知識的能力與效率，凌駕於土地、資金等傳統生產要素之上，成為支持經濟不斷發展動力。

　　回顧美國這十年的經濟發展，在政府及企業通力合作之下，掌握發展知識經濟的契機，達到高成長、高所得、低物價與低失業率的成就。一九九一年美國的經濟成長率只有〇‧二％，而一九九二年至一九九九年之間，每年都在三‧一％以上；一九九二年美國國民所得為二萬四千八百三十一元美金，一九九九年則提升為三萬三千八百一十二元美金，增加了三

分之一；一九九一年美國消費者物價上漲率為四‧二％，而一九九二年至一九九九年之間，每年都低於三％；一九九二年美國失業率為七‧四％，一九九九年則降至四‧二％，且為五十年來的最低點。美國的經濟發展模式，成為各國知識經濟發展的最佳典範，並已逐漸影響各國經濟發展的方向。

貳、我國發展知識經濟之檢討與展望

一、我國發展知識經濟之必要性：

　　㈠全球化使廠商可運用全球最便宜的資源，廉價資源已不可能做為國家競爭力來源，高所得國家工資及其他資源成本較高，需要靠知識與技術做為國家競爭力來源。

　　㈡良好的資訊使知識傳播更快，更容易與洽當的其他因素結合，而得到更有效的應用；領先的國家可由全球獲得知識及資訊所創造的利益，美國即為明顯的例子。

　　㈢知識及資訊的運用和既有產業或核心能力結合，可以提高國際競爭力及獲利能力，是我們努力的重點。

二、我國發展知識經濟之優勢：

　　㈠人民有旺盛的冒險創業精神。

　　㈡資訊產業基礎雄厚，產值位居全世界第三位。

　　㈢高科技產品具國際競爭力，佔我國出口總值五二‧二％。

　　㈣人力素質佳，就業人口大專以上佔二六‧二％。

　　㈤資本市場已具規模，證券市場成交總額位居全世界第三

位。

㈥有豐富的全球貿易經驗，貿易出口總額位居全世界第
十三位。

㈦我國近年來推動「亞太營運中心計畫」、「國家資訊通
信基本建設推動計畫」、「科技化國家推動方案」、
「產業自動化及電子化推動方案」與「加強資訊軟體人
才培訓方案」等重要計畫，已具初步發展知識經濟的基
礎。

三、我國知識經濟發展之檢討：

㈠資訊科技並未充分應用於創造價值。

㈡教育體系所培育人才之數量及工作能力與產業實際需求
有落差，須靠職訓體系提供訓練。

㈢傳統產業面臨資源成本增加的壓力，亟須與知識結合，
以提高生產力。

㈣知識密集型產業產值佔GDP比重與先進國家比較仍有一
段距離，須加強使知識與技術轉化為企業之機制。

㈤網際網路之基礎建設、法制建置及應用內涵之提供，皆
有待加強。

㈥政府運用資訊科技提供服務及配合企業因運用新技術改
變作業方法，而需修正或建立之行政管理技術，有待加
強。

四、我國知識經濟未來發展方向：

未來應加速促使知識與產業結合，應用知識和資訊促使新

興產業發展，維護既有主力產業成長，並協助傳統產業調整轉型；使台灣成為新興產業創業的樂園，成長產業擴張的基地以及傳統產業研發、行銷與財務管理的營運總部。

參、願景：十年內達到先進知識經濟國家水準

一、全國研發經費佔GDP之三％；其中三〇％來自政府部門，七〇％來自民間部門。

二、技術進步對經濟成長的貢獻達七五％以上。

三、政府及民間投入教育經費總和佔GDP之七％以上。

四、知識密集型產業產值佔GDP之六〇％以上。

五、寬頻網路配置率及使用費與美國相當。

肆、發展策略

一、產業發展由民間主導，政府著重於建立發展環境與排除營運障礙。

二、以「建立創新與創業機制」及「推廣資訊科技與網際網路應用」為動力，加速將知識轉變成為實際運用的過程，使成熟之研發成果可迅速商品化，建立新興產業；使既有產業因降低成本、提高附加價值而提升競爭力；使推動知識運用而創造之新市場需求，成為孕育新興產業的溫床，以帶動知識密集型產業之發展。

三、從基礎建設面、法制面、人才供應面及政府行政面，同時進行檢討，以建構知識經濟優良發展環境。

四、政府再造應與企業再造同步進行，以產生相輔相成效果。

五、採取措施消弭知識差距，以使全民共享知識經濟成果。

伍、具體措施

一、建立蓬勃的創新與創業機制，以扶植創新的企業：

　㈠健全研發創新機制：

　　1. 檢討專利權審查及管理制度，落實智慧財產權之保障，以確保創新者的權益，並檢討部分廠商不當運用專利法規妨礙知識利用的問題。

　　2. 未來十年政府部門對研發經費投入之平均年成長率應不低於十％，並檢討政府經費投入研發運作之模式，加強科技專案創新前瞻研發比重，建立妥善的技術移轉機制，移轉民間進行商品化生產；妥善規劃產學研科技合作機制，並提高與企業合作研發之比重；且應檢討研究發展計畫適用政府採購法之必要性。

　　3. 繼續實施「科技化國家推動方案」；並依據「促進產業升級條例」獎勵民間產業增加研發投入。

　　4. 輔導業界成立研發聯盟，並建立參與聯盟者可適用研發租稅及獎勵措施之機制，以加速大型研發活動之進行。

　　5. 擴大經濟部與大專院校及研究機構合作設立育成中心之規模及功能，除供廠商進駐研究外，且可為地

區產業提供技術服務；並全面推動育成中心以網站連結，整合成全國技術服務網，以加速技術移轉及創新活動之進行。

6. 擴大實施政府對商品化研究發展之補助，並將取得專利權之個別發明人列入補助對象，以加速研發成果商品化。

㈡建構創業投資事業與新創事業之發展環境：

1. 研究准許創業投資公司上市（櫃）買賣，以使創業投資公司可以運用資本市場之資金，擴大創業投資基金的規模，發揮孕育新創事業之功能。

2. 建立未上市（櫃）股票交易機制，以協助初創事業募集資金。

3. 輔導設立網站，建立資金需求者與供給者之資訊平台，以協助創業者取得資金。

4. 擴大政府基金對創業者及創投事業之投資，以增加種子基金之來源。

5. 參考國外趨勢，規劃建立金融控股公司之管理機制，允許控股公司所控管子公司之範圍涵蓋金融事業、創投事業與財務顧問等，以使金融業之資金可以在安全之控管機制下導入產業、創投事業及輔助金融之新興事業。

㈢修正公司法與相關法規健全創業機制：

1. 研究公司法與證券管理相關法規不得以低於面額發

行股票之規定，以吸引投資人於公司成立初期進入；未來應進一步推動無票面金額股票制度，允許彈性訂價，符合實際需求。

2. 司法增列公司得發行股票選擇權認股憑證，以吸引人才。

3. 研究修正公司法，允許成立發起人一人之公司，以符合推動新創事業與控股公司發展之需求。

(四)健全技術服務產業：

輔導資訊、財務諮詢、研究發展技術服務、設計、檢驗、測試、改善製程、資源回收（含水庫淤泥再利用）、污染防治、節約能源、民生及工業用水再利用、海水淡化等知識型服務產業發展，以提升製造業之核心競爭能力。

二、建構網際網路應用之基礎環境：

(一)加速寬頻網路建設及電信市場開放，建立競爭機制以降低網路接續費及使用費，增加使用網路的誘因，藉以創造優良的電子商務發展環境。

(二)加速網際網路相關法規及制度之建構，以確保網路交易安全及公平競爭環境。

(三)規劃整合型計畫以使實體配送與虛擬交易環境相互配合，以健全全球運籌的運作體系。

(四)促進跨電信及媒體事業整合，並規劃跨業競爭環境之規範。

三、擴展資訊科技及網際網路在生產及生活上之運用：

　㈠加速產業電子化：

　　1. 積極推動「產業自動化及電子化推動方案」，加速完成產業供應鏈之建構。

　　2. 加強輔導傳統產業及中小企業對資訊科技之運用，以改進管理技術並推動產業升級。

　㈡交易環境網路化：

　　1. 推動稅政作業與網路交易環境之整合，並確保不因網路交易而增加行政或稅捐負擔。

　　2. 推動金融交易管理系統與網路交易環境之整合，建立以網際網路進行跨行支付之環境，以增加應用之便利性，並降低交易成本。

　㈢豐富網路內容：

　　1. 規劃建立網路學習體系，提供優惠措施鼓勵運用既有資源建置虛擬圖書館、博物館、遠距教學及健康或問診網站，以豐富網路資訊內涵，滿足人民生活學習需要；並建立網路學習中心，與全球各國交換課程，發展學術交流，促進教育培訓之國際化與現代化。

　　2. 鼓勵產業技術研究機構增建並強化產業技術資訊之資料庫，提供業者使用，以降低業者取得資料之時間及成本。

四、檢討教育體系，並積極培養及引進人才，以因應知識經濟

發展之需求：

(一)檢討教育體系：

1. 檢討現行教育體系，加強創新及再學習能力之培養。

2. 由教育體系依據經建會評估知識經濟發展所可能造成之產業結構調整，及人民知識需求之變化，規劃相對之教學課程。

3. 資訊教育應視為基本知能教育，應從小學教育開始規劃正式學習課程，並全面推動中等教育與大專院校的資訊教育基本課程。

4. 教育機構之設立、學費及課程，應考慮國家未來之發展，並反應民眾教育及產業發展之需要。

5. 鼓勵國內公私立大學與國際著名教育機構共同合作研究或開課，並允許國際著名教育機構在台設立分校，以提升我國高等教育研究水準。

(二)培訓及引進人才：

1. 由職訓體系配合主管機關規劃培訓計畫，運用學校及民間教育培訓資源，繼續推動「加強資訊軟體人才培訓方案」。

2. 創業投資、全球運籌、國際金融管理等專業人才之培訓，應比照「加強資訊軟體人才培訓方案」辦理。

3. 人才培訓方案之推動，應同時進行師資培訓計畫；

必要時應與國內外學校或研究機構合作進行師資培育計畫。

4. 檢討引進國外科技人才之措施，以充實科技研發工作所需人力。

五、建立顧客導向服務型政府：

㈠政府線上作業：

1. 訂定國家型電子化政府計畫，督促中央政府各部會有受理人民申請案件之業務機關，一年內至少新增兩項政府業務提供民眾直接上網進行申辦；並建立中央政府整合型入口網站，長期應規劃設置單一網路服務窗口，以便利人民線上完成申請業務。

2. 依據「產業自動化及電子化推動方案」，加速推動政府採購業務電子化。

3. 各部會應將其主管法規、執行措施、研究計畫上網公告，以公開政府資訊。

4. 推動水電交通基礎設施管理技術電子化，並提供網路申辦及查詢之服務，以增進管理效能及人民生活便利性。

㈡公職人員訓練：

規劃公職人員訓練計畫，就高、中、低階人員施予不同程度之知識經濟理念與未來環境變化趨勢之再教育，使各階層參與決策之公務人員具備宏觀思維，於擬訂政策及措施時，能事先考量與知識經濟發展方向及未來企業

需求環境之配合。

㈢政府業務委外：

積極規劃政府業務委託民間辦理，並訂定有關人員處置及公權力委託之相關法律，有效利用民間資源，以提升施政效率與服務品質。

六、規劃預防措施，避免經濟轉型產生之社會問題：

㈠普及城鄉寬頻網路建設與資訊教育，並提供低收入戶及原住民優惠資訊教育訓練及使用資訊設備之計畫，以減少知識落差。

㈡加強勞動階層之資訊教育，以免企業轉型時造成結構性失業。

㈢加強推動學校、社區與家庭合作，保護兒童及青少年免受不良網站內容影響。

㈣指定專責機構查緝網路犯罪，並檢討修正相關處罰規定。

陸、重要工作目標

一、短期工作目標：

㈠三個月內各部會提出具體執行計畫。

㈡六個月內完成中、高階公務人員訓練。

㈢一年內完成各級公務人員訓練。

㈣一年內各部會完成具體執行計劃中相關行政措施之修改，並開始提供線上申請服務。

二、中期工作目標：

　㈠二年內完成建置網路學習體系系統架構，並持續擴充教學內容。

　㈡二年內各部會完成具體執行計畫中應增修之法律。

　㈢三年內政府提供線上單一窗口服務。

柒、推動機制與推動時程

一、由經建會擬定推動方案，並完成報院核定程序。（八十九年八月）

二、由各主管機關依方案內容於三個月內提報具體執行計畫。（八十九年十一月）

三、由經建會彙整各部會之具體執行計畫，完成整體具體方案，報院核定。（八十九年十二月）

四、經建會定期（原則上每兩個月）與各部會協調檢討，辦理進度將在提報經建會委員會討論後，再報院備查。

五、配合本計畫執行之原「國家資訊通信基本建設推動方案」、「科技化國家推動方案」、「產業自動化及電子化推動方案」及「加強資訊軟體人才培訓方案」等，依原規劃機制推動辦理。

附圖一：知識經濟發展方案具體措施示意圖

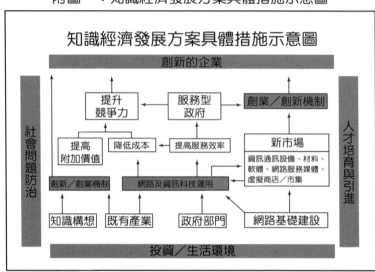

附圖二：創新及創業機制示意圖

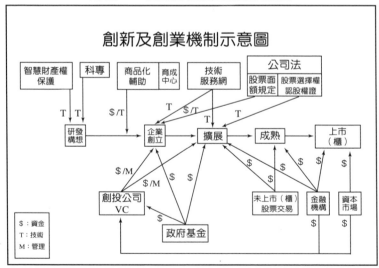

相比之下

(1)這一項行政院通過的「知識經濟發展方案」及其「示意圖」，恐怕連神仙都看不懂，遑論推行呢？難怪經建會的法案無疾而終！

(2)「知識經濟」及「知識為經濟」之本，純粹是官民教育的課題，尤其是政治人物，不可或缺！否則政經現象是一敗塗地，現況就是最好的證明，尤其核四更為顯然：計劃不周，執行不力，管制不嚴，停建與否，皆是敗筆！

(3)記住：玉不琢不成器，人不學不知義。政治家明明德，經濟家窮其理。政能通人先和，民安居業樂已，風會調雨能順，天下大皆一理！善知識是力量，創造出好經濟。政治家在「明德」，搞經濟在「窮理」。欲完善「經濟」工，必先利「政治」器。國家者人之集，官民者心之器。社會上之隆污，繫於人心振靡。「君親師」總統責，「養教衛」，國君義。政治清經濟興，天下平治國易。

實用篇

泰勒（TAYLOR）說「科學管理」，實用於任何行業，尤其是政府！因此筆者撰寫「科學管理」可以化解台灣的危機一篇，敬請大家指正！

「科學管理」可以化解台灣的危機！

德國社會大師，哈伯瑪斯（HABERMAS）歸納國家的危機有四種：

(1)經濟危機　(2)理性危機　(3)合法性危機　(4)動機危機

在此不妨先將根本沒有發生過這四種危機的國家，端出來給大家看個究竟，方知有這四種危機國家的悲哀！

在此不妨就以加拿大為案例，因為筆者在那裡住過20年，充分享受到沒有危機感的淨土！所謂：「法喜滿人間，快樂似神仙，原因究何在？『科學管理』先，淨心即淨土，此乃佛高見」！

(一)經濟危機？不可能！

因為加拿大的政治人物，都是從國家道德培育中成長，所以懂得「明德」為本，「親民」為用，目的在止於至善。因此，政治始終清明，經濟一直穩定，社會始終和諧，朝野不會鬥爭，尤其是政治人物，從來沒想過「爭權奪利」。

前段是淨土，後段是淨心，正是淨空法師常說：「學佛是人生最高的享受」，因為：淨心即淨土，無官願貪瀆，勤修戒定慧，息滅人三毒！境隨人心轉，淨心即淨土！因此加拿大始終是人間淨土，所謂：

政治清明經濟好，經濟穩定政治好！

政治人物有共識，國家責任與榮耀。

讓台灣移民到加拿大者，無不讚嘆該國品質零缺點

（ZERO DECFECT），請問，

　　這麼完美的人品，會有經濟的危機嗎？

㈡按理性做事，何有理性危機可言！

　　加拿大的政治人物，既不懂爭權奪利，也不會貪贓枉法，只知道照顧好人民的生活，如出生的嬰兒，一直長到18歲，政府每月自動撥給牛奶金300元，失業者有六個月的救濟金可領，超過七十歲者，一律有足夠的養老金。這才是真正的「幼有所養，壯有所用，老有所終」的大同世界！這不是最有理性的大學之道嗎？所謂「大學之道，在明明德，在親民，在止於至善」。可見「理無中西，在於實」，「方無古今，在於治」！所以要「心包太虛，量如沙洲」！

㈢依法行政，何來合法性的危機？

　　國家的法案，皆經過議會通過的詳細周延的政策，行政單位，只有依法行政的義務，沒有脫序的權利，更不可能越軌！何況司法絕對獨立，連總統都不敢耍特權玩法。如美國總統尼克森，為了不法竊聽水門案，照樣被司法請下台！因為「HONESTY IS THE BEST POLICY」（誠信是做人之本），是洋人的第二生命，所以該國從來沒有發生過合法性的危機！連「政黨執政，品質保證」，是只能做，不能說，否則令人似乎感覺有點靦腆，用金貼臉，政治人物，勤勞節儉，既不貪財，也不冒險，人民尊敬，與有榮焉！

㈣動機優良，何來動機的危機呢？

　　政治人物工作皆有標準的作業程序（SOP），待遇足夠養

家，吃飽了誰還想動歪腦筋呢？所以看得出來，其政治人物的品味是：

純淨純善，邪事不幹，上班服務，下班休閒，退休之後，

安享天年，養老金夠，生活不煩，動機危機，永遠不沾！

在這四種危機消失之下，加拿大也不過是偉大平凡的國家而已，因為英、美、法、德等國，早就如此，加拿大也不過是後起之秀！關鍵在哪裡？就是來自「科學管理」的方法：

計畫→執行→管制

而衍生出　立法→行政→司法

但是要有「窮理明德」的修養，三權獨立才會有正面的效果，所以洋人皆以「HONESTY IS THE BEST POLICY」為其第二生命，不敢越此雷池一步！「經世濟民」乃政治人物的共識，共識就是力量「KNOWLEDGE IS POWER」！

反觀台灣這半個世紀以來，即經濟奇蹟年代之後，這四種危機是一樣不缺，全怪政客，爭權奪利，不講仁義！核四政策，最好案例：

㈠經濟危機？

經濟危機，影響生計，百貨齊漲，油電引起，為何雙漲，就因核四，每年追加，約五百億，二十年來，拖垮經濟，束手無策，理性危機，若玩公投，動機危機，非蓋不可，經濟危機！挽救狂瀾，知識經濟，「明德」為本，「窮理」得益，「經世濟民」，才是目的，廢除核四，一勞永逸，經濟復甦，政通人宜，懸崖勒馬，免墮谷底，政客再笨，不可害己！破迷

開悟，撥雲見日！

㈡理性危機？

（1）不該建！

　　興建核四防缺電，二十年來未出現，

　　興建決策不理智，獻策政客存心騙！

　　為了貪圖名與利，國家不斷賠大錢！

　　台電公司經常虧，不究貪瀆漲油電！

　　理性危機能執政，人民只有奈何天！

　　「科學管理」可解危，「窮理明德」必清廉！

　　「經世濟民」是目標，撥亂反正太平年！

　　「破迷開悟」政治家，方知該建不該建？

（2）不能建？

　　台灣地小人口多，勉強南北各一座，

　　三座集中新北市，傻瓜不會這樣做？

　　風險分散是原則，留美不會沒學過！

　　裝模作樣搏感情，內心好像著了魔！

　　為何一定蓋核四？覆巢之下剩蛋殼？

　　「科學管理」可破迷，「窮理明德」可改錯！

　　台灣四座密度大，大陸僅僅有七座！

　　政客不可失理性，否則面臨有大禍！

　　輕者就會丟政權，重者下台牢裡過！

　　核四能建不能建？政治人物自己說？

㈢合法性的危機？

四年完工是法定，預算金額早確定，

如今拖延二十年，嚴重違法還執行，

每年追加五百億（數字有錯請改正），凱子核四還自鳴！

不如法理無誠信，「大是大非」無人應！

歹戲拖倒雙十棚，壓軸大戲草帽情！

政客明明都知道，興建核四是錢坑！

三座集中新北市，合法危機還玩命！

揣摩上意保官位，不怕得罪老百姓！

「科學管理」可解危，「窮理明德」信解行！

興建核四風險大，合法也是在害人！

瞎掰硬拗堅持建，騎虎難下怕丟人？

苦海無邊往裡跳，回頭是岸絕逢生！

㈣動機危機？

⑴不該建？

興建核四防缺電，二十年來未出現！

睜著眼睛說瞎話，無法自圓就用騙？

經濟成長成負數，還要浪費納稅錢！

根本沒有品管制，保證品質是胡言！

日本專家不准進，就怕發現大缺點！

大陸核電僅七座，台灣豈敢核四建？

打腫白臉充胖子，拖垮經濟也甘願！

因為毀約要賠款，一年追加數夠墊！

停建之後免追加，經濟復甦自然顯！

這個算盤不會打，政客執政在冒險！

預防經濟不再滑，本來核四不該建，

如果還要繼續拖，賠錢不算擔風險！

兩害相衡取其輕，政客也會無意見？

今日不廢永遠痛，長痛不如痛一遍！

「科學管理」可防弊，「窮理明德」可化險！

明心見性生智慧，可解雜症與疑難！

(2)不能建？

台灣地方小，人口數字高，核電建四座，簡直在胡鬧，

大陸僅七座，無核海南島，寧建觀音像，體大身又高，

深入海平面，海空看得到，熱門觀光點，天天有人潮，

虔誠拜觀音，享受佛光照，空氣無污染，政府重環保，

市區禁機車，重工業不要，人瑞比較多，交通秩序好，

警察很少見，人民生活好，下棋邊喝茶，到處看得到，

公路收費站，早就撤掉了！原因究何在？政府錢夠了！

官員能清廉，安貧也樂道！台灣是寶島，時代過去了，

半個世紀前，媲美海南島，筆者享受過，勝過海南島，

政客上了台，政治變了調，家庭缺倫理，社會缺德道，

政客沒品味，上台就亂搞，爭權又奪利，上行下必效！

政治一直亂，經濟往下掉，核四雪上霜，國本在動搖！

「科學管理」會，缺失可減少，「明德」不會貪，

「窮理」可樂道，經濟易復甦，政治家領導！

當年趙耀東，大家都知道，經濟有奇蹟，「企業管理」

造，人品加魄力，政治一定好！所謂「政治家」不學不知道，學「科學管理」不費力得到，此書最直接，根本不深奧，因為人本善，只因苟不教！

由以上四種危機看來，其中任何一種危機的發生，都與其他三者有關，所謂「危機四合一」。 因為所有的危機，皆來自政治人物的品質差勁！所以陳博志前主委強調「知識經濟，在提升人的品質，促進公平正義的社會」。由於政客都不爭氣，只好美其名說是大家的共業，因為：

四種危機早存在，沒有意義再責怪！

此乃大家在造業，誰也難逃國運衰！

天公作孽猶可活，自作自受是活該！

政治人物在比爛，要怪教育大失敗！

聖賢教育不推行，倫理道德不復再！

貪官污吏逐漸多，作奸犯科不足怪！

開國之君教育先，如今總統換三代！

傳統教育已崩盤，這代不如上一代！

殺盜淫妄天天有，教育部長在比菜！

道德教育做不到，政客只能壞比壞！

國王新衣小孩笑，政客卻說新衣帥！

儒家教育來不及，因果教育比較快！

因緣果報通三世，看誰還敢心眼壞！

作惡多端入三途，斷惡修善保安泰！

阿扁不信「因果」律，下台只好牢裡待！

政客本來皆是佛，明心見性佛同在！

「科學管理」可去魔，「窮理明德」智慧開！

宮廷門內好修行，一人得道遠者來！

「科學管理」助開悟，「企業管理」助發財！

英美法加能做到，留學不是吃牛排！

千言萬語一句話，回歸「自性」是王牌。

所謂王牌：

窮「科學」之理，明「管理」之德，做「濟民」之事。

即：「科學管理」＝「窮理明德」

前者是洋貨，後者是土產，異曲同工，治國之道。要有共識，從政有效，總統不學，無力領導！選民不學，浪費選票，姑息養奸，不認民調，服貿偷渡，用三十秒，官逼民反，衍生學潮，人多空前，鳩佔鵲巢！訴求有理，立法首要，再來審查，科學管理，不可亂套。痞極氓來，火加燃料！「窮理明德」，王君知道，答應訴求，親自慰勞。感動人心，自願退潮。不可再有，馬嘶驢叫，破迷開悟，解鈴之道！深信因果，惡因惡報，善因善果，誰躲得掉！阿扁不信，照樣坐牢，前車之鑑，「貪嗔癡」造。貪得無厭，墮畜生道，心存瞋恚，墮餓鬼道。癡迷不悟，墮地獄道，三途恐布，修行趁早。尤其領袖，以身作教，一修成功，全民福報。若不爭氣，何以領導？實情難容，瞎掰硬拗！「窮理明德」，共同受教，「科學管理」，治國之道。

其實做總統，本來就有S.O.P.：

(1)存「窮理明德」之心。

(2)用「科學管理」之法。

(3)做「經世濟民」之事。

金科玉律，天經地義。英美法加，行禮如儀。

長治久安，安分守己，沒有貪官，沒有對立！

留美大官，很少留意！會吃牛排，很了不起！

只會做官，做事效低！不知王牌，領導無力！

國家圖書館出版品預行編目資料

知識經濟學 / 張士千 編著.
-- 初版. -- 新北市：創見文化, 2014.07
面 ； 公分
ISBN 978-986-90494-1-2（平裝）

1. 知識經濟 2. 科學管理

551.49 103008132

Win 07

知識經濟學

創見文化 · 智慧的銳眼

本書採減碳印製流程並使用優質中性紙（Acid & Alkali Free）最符環保需求。

作　者／張士千
總編輯／歐綾纖
副總編輯／陳雅貞
文字編輯／吳欣怡
內文排版／陳曉觀
美術設計／吳吉昌

郵撥帳號／50017206 采舍國際有限公司（郵撥購買，請另付一成郵資）
台灣出版中心／新北市中和區中山路2段366巷10號10樓
電話／（02）2248-7896　　　　　傳真／（02）2248-7758
ISBN／978-986-90494-1-2
出版日期／2014年7月

全球華文市場總代理／采舍國際有限公司
地址／新北市中和區中山路2段366巷10號3樓
電話／（02）8245-8786　　　　　傳真／（02）8245-8718

全系列書系特約展示
新絲路網路書店
地址／新北市中和區中山路2段366巷10號10樓
電話／（02）8245-9896
網址／www.silkbook.com
創見文化 facebook https://www.facebook.com/successbooks

本書於兩岸之行銷（營銷）活動悉由采舍國際公司圖書行銷部規畫執行。

線上總代理　■　全球華文聯合出版平台　www.book4u.com.tw
主題討論區　■　http://www.silkbook.com/bookclub　　◎　新絲路讀書會
紙本書平台　■　http://www.silkbook.com　　◎　新絲路網路書店
電子書平台　■　http://www.book4u.com.tw　　◎　華文電子書中心

Ｂ　華文自資出版平台
www.book4u.com.tw
elsa@mail.book4u.com.tw
ying0952@mail.book4u.com.tw
全球最大的華文自費出版集團
專業客製化自助出版 · 發行通路全國最強！